Wahrheit Liebe Schönheit

Dieses Buch ist all den wunderbaren Wesen gewidmet, die diese Veröffentlichung durch ihre Liebe zur Sache möglich gemacht haben.
Francis Lucille, Temecula, California 2006

Francis Lucille

Wahrheit Liebe Schönheit

Spiritualität
  Bewusstsein

Zusammengetragen von Warwick Wakefield

Deutsche Übersetzung von Dorothea Giffhorn

Bibliografische Information der Deutschen Nationalbibliothek:
Die Deutsche Nationalbibliothek verzeichnet diese Publikation in der Deutschen Nationalbibliografie; detaillierte bibliografische Daten sind im Internet über http://dnb.dnb.de abrufbar.

Originaltitel: Truth Love Beauty
© 2006 by Francis Lucille,
Truespeech Productions P.O.Box 1509 Temecula, CA 92593 U.S.A.
First Edition printed in the United States of America 2006

Deutsche Übersetzung 2017: Dorothea Giffhorn
unter Mitarbeit von: Hannah Friederich
Titelbild: Nele von Mengershausen, www.nelevonmengershausen.com

Herstellung und Verlag: BoD – Books on Demand, Norderstedt
ISBN 978-3-7431-1599-6

Inhaltsverzeichnis

Vorwort
1 Dauerhafte Zufriedenheit   8
2 Mit Gott Tennis spielen   14
3 Vor dem Urknall 33
4 Unsterblich   51
5 Lass den Moment fließen   69
6 Das Gesetz der Überraschung   90
7 Die grundlegende Gleichung 104
8 Wiege das Mentale in den Schlaf   115
9 Du hast eine Wahl   127
10 Wahrheit, Liebe, Schönheit und Glück   149

Francis Lucille führt Dialoge und leitet Workshops sowie Retreats über Advaita/Non-Dualität in den USA und weltweit.

Für Informationen über seine Arbeit sowie die Bestellung von Audio- und Videokassetten wenden Sie Sich bitte an folgende Adresse:
Website: www.francislucille.com
E-mail: info@francislucille.com

Vorwort

Jedes Kapitel dieses Buches enthält ein Gespräch mit Francis Lucille, das an einem bestimmten Tag stattfand. Die ersten acht Kapitel enthalten Gespräche aus einem Retreat in einer ländlichen Gegend nahe Ottawa, Kanada, im Oktober 2002. Die letzten zwei Kapitel sind Gespräche aus zwei öffentlichen Meetings in London, im Mai 2002.

1 Dauerhafte Zufriedenheit

- *Was ist Bewusstsein?*

Bewusstsein ist das, was gerade jetzt diese Worte hört. Es ist das, was wahrnimmt und in dem die Welt, der Körper und das Mentale auftauchen. Wir teilen diese Phänomene in drei Kategorien ein.

Wenn wir mit unseren Sinnen ein Geräusch hören oder einen festen Gegenstand sehen oder berühren, ordnen wir diese äußeren Wahrnehmungen in die Kategorie ein, die wir „die Welt" nennen.

Wenn wir innere Empfindungen des Körpers haben, ordnen wir diese inneren Wahrnehmungen der Kategorie zu, die wir „Körper" nennen.

Wenn Gedanken auftauchen, dann gehören sie in die Kategorie, die wir „das Mentale" nennen.
Ich gebrauche nie das Wort „das Mentale" als etwas, das wirklich wahrnimmt; ich benutze es nur, um auf eine Kategorie unserer gesamten wahrnehmenden Erfahrungen hinzuweisen. Gelegentlich jedoch benutze ich das Wort „das Mentale" für die Gesamtheit dieser drei Erfahrungskategorien - Körper/Mentales/Welt. Du wirst das aus dem Zusammenhang verstehen müssen, wovon ich spreche.
(„mind" wird mit „das Mentale" und „body-mind" mit „Körper-Mentalgefüge" übersetzt. Anm. d. Übersetzers)

Körper, Mentales und Welt verändern sich andauernd: Ein Gedanke weicht einer Körperempfindung, die wieder ersetzt wird durch eine Sinneswahrnehmung und so weiter. In den Intervallen, in den Lücken, hat etwas Bestand, etwas, das immer anwesend ist. Wir haben ein tiefes Gefühl von dieser Präsenz. Wir nennen sie „Bewusstsein", wenn wir uns auf ihre innere Existenz beziehen, und wir nennen sie „Realität", wenn wir uns auf die äußere Existenz beziehen, aber in beiden Fällen beziehen wir uns auf das, was immer gegenwärtig ist. Tatsächlich sind Bewusstsein und Realität ein und dasselbe.

Lass mich ins Detail gehen. Wir müssen verstehen, dass *wir* Teil der Realität sind, dass da keine Trennung ist. Deshalb muss die intimste, innerste Erfahrung, die wir haben und die Bewusstsein ist, die Erfahrung von Realität sein. Es ist die Erfahrung von der Realität der Realität, wenn du so willst. Außerhalb dieses Körpers ist diese Welt, und diese Welt ist auch Teil der Realität. Zuerst betrachte die Essenz dieser äußeren Welt - ihr Herz oder ihre Grundlage, die Basis. Als nächstes überdenke unsere Existenz als ein Körper-Mentalgefüge, als ein Objekt, das auch mit Realität ausgestattet ist, weil *wir* als Bewusstsein real sind. Das sind nicht zwei Realitäten, sondern zwei Aspekte der einen Realität. Man könnte sagen, dass wir gleichzeitig in zwei Dimensionen leben, Bewusstsein und Welt, und es ist uns möglich, gleichzeitig zwei Aspekte Gottes zu erfahren - Gottes Herz, das Bewusstsein, und Gottes Körper, das Universum.

- *Wenn, durch ein Wunder, Körper/Mentales/Welt sich auflösen könnten, verblassen und verschwinden würden, würde dann Bewusstsein übrig bleiben, um sich selbst direkt zu erfahren?*

Ja. Bewusstsein kennt sich selbst, mit oder ohne Objekte.

- *Wir haben festgestellt, dass das, was diese Worte hört, Bewusstsein ist. Wäre es richtig zu sagen, dass Bewusstsein das Mentale zum Interpretieren braucht? Um zu illustrieren, was ich meine: Wenn der Verstand krank ist, wenn es zum Beispiel eine organische Krankheit gibt, ist dann das, was gehört wird, anders?*

Ja.

- *Diese Behauptung bringt enorme Konsequenzen mit sich. Ich kann daraus nur schließen, dass man einen intakten Verstand braucht, um wahres Verständnis zu haben. Etwas anderes sagt mir, dass Bewusstsein vollkommen selbstständig ist, aber nun höre ich, dass es einen intakten Mentalkörper braucht, um richtig zu verstehen.*

Ja, wenn du taub wärst, gäbe es kaum die Möglichkeit zu hören, was ich sage. Wenn das Mikrophon nicht funktionieren würde, wäre es schwieriger zu kommunizieren. Aber das bezieht sich nicht auf das Bewusstsein, das sich selbst kennt; das bezieht sich auf das Kennen von Objekten.

- *Aber Bewusstsein kennt Objekte.*

Ja, das Mentale ist das Instrument, durch das wir Kenntnis von Objekten haben. Aber die Beeinträchtigung, die die Instrumente beeinflusst, hat keinen Einfluss auf den Wissenschaftler.

- *Und wie weiß man das? Wie kann man das wissen?*

Weil nur ein Gegenstand, ein Objekt beeinflusst werden kann.

- *Aber das wäre nur wieder ein Konzept.*

Wir gebrauchen Konzepte, um Sinn zu übermitteln. Was immer ich dir sage, wird immer ein Konzept sein; wenn du also sagst, „das ist ein Konzept", liegst du richtig. Aber das Konzept ist nicht das Verstehen des Konzeptes. Wenden wir uns noch einmal der Sache zu. Ich sagte, dass Bewusstsein nicht betroffen ist, weil Bewusstsein kein Objekt ist, und dass nur Objekte beeinflusst werden können. Was bedeutet das - betroffen sein, beeinflusst werden? Das bedeutet, Veränderung zu durchlaufen. Damit etwas einen Wandel durchlaufen kann, muss es in der Zeit existieren. Es braucht Gestalt, Form und Eigenschaften. Dann können wir sagen, „es wurde beeinflusst; es war rot und nun ist es blau; es war ein Stück und nun sind es zwei; es ist zerbrochen." Aber Bewusstsein hat weder Form noch Eigenschaften. Da es weder in Raum noch in Zeit ist, unterliegt es nicht den Bedingungen von Raum und Zeit, also kann es nicht beeinflusst werden. Wir kennen das aus unserer eigenen inneren Erfahrung. Unser Mentalkörper wird jeden Moment beeinflusst, sein Inhalt wandelt sich andauernd. Der Beweis, dass Bewusstsein nicht betroffen ist, ist die Erfahrung, dass wir bewusst bleiben und uns dieser Veränderungen bewusst sind. Bewusstsein von Veränderung ist der Beweis der Unwandelbarkeit von Bewusstsein.

- *Du hast die Freiheit erwähnt, im Bewusstsein auf unbegrenzte Weise zu leben. Wie kann ich das konkretisieren?*

Wenn ich von der Freiheit spreche, bewusst Bewusstsein zu sein, spreche ich von der Freiheit, sich als Bewusstsein mit dem Körper/Mentalen zu identifizieren oder nicht zu identifizieren. Wenn ich sagte, dass ich als begrenzte Person die Freiheit hätte zu wählen, universelles Bewusstsein zu sein, würde das beinhalten, dass unser natürlicher Zustand, unser ursprünglicher Zustand der ist, eine Person zu sein, und dass wir, um universelles Bewusstsein zu sein, eine spezielle Anstrengung machen müssten, und dass der Zustand von universellem Bewusstsein ein künstlicher Zustand wäre, den wir erschaffen und darüber legen müssten. Wäre es ein Zustand, müsste es einen Anfang und ein Ende haben. Aber ich sage genau das Gegenteil. Unser ursprünglicher Zustand, unser natürlicher Zustand ist unendliches Bewusstsein, und über diesen ursprünglichen Zustand, der

Freiheit ist, stülpen wir die Überzeugung von begrenzter Existenz.

Nur Bewusstsein hat Freiheit und nur Bewusstsein kann wählen, entweder begrenzt oder unbegrenzt zu sein. Aber begrenztes Bewusstsein, das keine Freiheit hat, kann nicht wählen, unbegrenztes Bewusstsein zu werden. Darum nimm deinen Standpunkt als unbegrenztes Bewusstsein ein, und mit dieser Haltung höre auf zu wählen, ein begrenztes Bewusstsein zu sein, was wir jedesmal dann tun, wenn wir uns wieder in unseren Lieblingsglauben verlieben, ein begrenztes Raum-Zeit-Wesen zu sein.

***

- *Du hast einmal auf eine Frage von mir, in Bezug darauf, einen Lehrer zu haben, geantwortet. Du sagtest, dass du nach deinem eigenen Erwachen zu einem tieferen Verständnis dessen, wer du bist, weiterhin deinem Lehrer Fragen gestellt hast. In meinem Fall gab es ein absolutes Verstehen, das unbestritten ist, und auch eine fortschreitende Beruhigung. Die Länge dieser Beruhigung ist unterschiedlich für verschiedene Menschen - bei Ramana war sie fast augenblicklich vollkommen und nachdem es geschehen ist, saß er einfach in der Stille. Was ich möchte, ist eine Bestätigung meiner Erfahrung. Es scheint mir, dass es nirgendwo sonst etwas zu suchen gibt; die Suche, auf die ich früher so stolz war, ist nun vorbei, und doch gibt es Zeiten, in denen ein Gefühl von Unruhe da ist.*

Es gibt eine Vertiefung der Erfahrung nach einem kurzen Einblick in die Wahrheit. Im Laufe der Zeit durchdringt das, was verstanden wurde, jede Ebene des Körpers und des Mentalen.
Du hast erwähnt, dass ich meinem Lehrer Fragen gestellt habe, und das ist wahr. Das war ein großer Segen für

mich, weil ich nach nur zwei Jahren das Fragen vollkommen ausgeschöpft hatte. Natürlich hören wir nie auf zu lernen; wir hören nie auf, das Geschenk der Gnade zu empfangen.

- *Würdest du dieses Lernen als eine zunehmende Tiefe des Verstehens übersetzten?*

Es gibt da einen Prozess, durch den der Körper und das Mentale mit der Wahrheit in Einklang kommen, wenn du innerlich in Harmonie lebst. Auch äußere Dinge werden harmonisch und irgendwann vergehen Probleme und Leid. Aber das Abenteuer und die Schönheit gehen weiter. Jegliches verbleibende Leiden oder Gefühl von Unzulänglichkeit spiegelt einfach nur die Hartnäckigkeit von alten Gewohnheiten.

Was zählt, ist nicht eine Erfahrung von Erwachen, die wir gemacht haben - eine Erfahrung, die vielleicht in dem Augenblick aufregend ist, aber schließlich verschwindet und uns unbefriedigt zurück lässt. Was zählt, ist die dauerhafte Zufriedenheit, in der wir leben, als ein Ergebnis unserer Erkenntnis, wer wir wirklich sind.

Ich sah meine Beziehung zu meinem Lehrer nicht als Beziehung mit jemandem, der mir etwas geben würde, was ich nicht habe; ich sah sie als eine Beziehung mit jemandem, der auf der einen Seite manifestierter Gott war und auf der anderen Seite ein lieber Freund, der auf dem selben Pfad wandelte, und dessen Erfahrungen für mich wertvoll waren. Er hatte diese beiden Funktionen. Auf Grund seiner Offenheit und der Art, wie er Menschen und Dinge als heilig ansah, war es einfach für mich, ihn als heilig anzusehen, und gleichzeitig war er ein lieber Freund.

2 Mit Gott Tennis spielen

- *Was ist Gnade?*

Sie ist das, was nicht von einem Objekt kommt. Sie ist das, was plötzlich kommt, aus einem Moment, frisch aus der Quelle. Da alles aus der Quelle kommt, ist letztendlich alles Gnade.

- *Betrifft das gewöhnliche Erfahrungen? Können wir wirklich sagen, dass alles Gnade ist?*

Ja. Für jemanden, der in Unwissenheit lebt, ist nichts Gnade; für jemanden, der auf dem Pfad ist, sind einige Dinge und Ereignisse Gnade. Aber wir sollten da nicht verweilen. Der erste Schritt ist es, verstandesmäßig zu verstehen, dass letztendlich alles Gnade ist, wie ich gerade erklärt habe.

Der zweite Schritt ist, dieses intellektuelle Verständnis fallen zu lassen und einfach offen für die Möglichkeit zu sein, dass alles Gnade ist. Dann wird alles sich als Gnade herausstellen.

Alles ist der Lehrer. Wir müssen von einem Teilzeitschüler, nur wenn wir mit unserem menschlichen Lehrer zusammen sind, zu einem Vollzeitschüler aufsteigen, für den das Leben selbst der Lehrer wird. Wenn das geschehen soll, müssen wir im Zustand des Nicht-Wissens leben. Wenn wir wissen, sind wir nicht länger ein Schüler; wir wurden zu jemandem, der weiß. Wir müssen alles, was wir glauben, hinterfragen - ja sogar gründlich hinterfragen.

Sich sicher zu sein ist weder nötig noch möglich. Wir können in der Freiheit des Nicht-Wissens leben. Wenn du mit einem Lehrer studierst, der dir alles erklärt - wie Reinkarnation funktioniert, wie Vorherbestimmung funktioniert, wie Gott arbeitet und all den Rest - dann weiß dieser Lehrer zu viel.

***

- *Braucht das Bewusstsein einen menschlichen Verstand, um sich selbst zu kennen? Kann es sich selbst durch das Mentale einer Katze oder eines Hundes kennen?*

Um sich selbst zu kennen, braucht es weder einen menschlichen Körper noch einen tierischen Körper noch einen Pflanzenkörper noch einen mineralischen Körper. Es kennt sich selbst, bevor es Dinge kennt.

- *Ich hatte noch nie die Erfahrung davon, dass sich Bewusstsein selbst kennt.*

Willst du mir sagen, dass du nicht weißt, dass du bewusst bist?

- *Ich weiß, dass ich bewusst bin.*

Wenn du weißt, dass du bewusst bist, ist das das Bewusstsein, das sich selbst kennt.

- *Brauchen wir einen richtig funktionierenden Verstand, um die Illusion der Getrenntheit zu überwinden? Was geschieht, wenn jemand einen Verstand hat, der nicht gut arbeitet, weil er das Down-Syndrom hat oder senil ist, zum Beispiel?*

Was immer in solch einem Verstand stattfindet, kommt von dem Wunsch, genau diese Erfahrung zu durchleben.

- *Bewusstsein möchte durch diese Erfahrung gehen?*

Ja. Tatsächlich sehen wir Probleme, wo keine sind. Wir sehen Probleme, weil wir denken, dass es real sei, eine getrennte Individualität zu sein, und wir glauben, dass Befreiung eine Veränderung sei, durch die dieses Individuum, das getrennt war, zu einem nicht-getrennten Individuum wird. Wir stellen uns vor, dass es da Vorbedingungen geben muss, damit dieser Prozess ablaufen kann, so etwas wie einen scharfen Verstand. Aber all das gründet auf der Vorstellung eines Individuums, das nie existiert hat außer als diese eine Vorstellung.

Was gesagt werden kann, ist Folgendes: Mit einem scharfen Verstand in Unwissenheit gibt es eine kluge Unwissenheit; wenn es einen nicht so klugen Verstand gibt, ist die Unwissenheit nicht so verwickelt. Aber es kann einen scharfen Verstand ohne Unwissenheit geben genauso wie einen nicht so scharfen Verstand ohne Unwissenheit.

- *Müssen sich Tiere mit der Illusion von Trennung herumschlagen? Ich denke dabei an meine Hunde.*

Das ist eine gute Frage. Du solltest sie fragen.

- *Sie antworten einfach nicht.*

Ramana Maharshi sagte gewöhnlich, dass gewisse Tiere diese Ebene von Selbstlosigkeit erreichen. Ich bemerke Unterschiede in dem Verhalten von Tieren. Ich habe einen Hund, der wie ein verwirklichter Hund reagiert. Ich habe ihm nie diese Frage gestellt. Und selbst wenn er verwirklicht wäre, bin ich nicht sicher, dass er das behaupten würde.

Das Problem mit dieser Art Fragen ist, dass wir, selbst wenn wir eine Antwort fänden, etwas wissen würden. Da diese Welt aber tatsächlich eine Illusion ist, ist es schwer, etwas über nichts zu wissen.

Ich glaube, dass die beste Art mit Tieren umzugehen darin liegt, sie als verwirklichte Wesen anzusehen. Und das gleiche gilt für Menschen. Wenn wir uns Wesen auf diese Weise nähern, basierend auf dieser Annahme, werden sie ihre Herzen für uns öffnen; sie werden so werden und sie werden so sein, wie du sie siehst, wie du sie zwingst zu sein. Sie werden ihr wahres Gesicht zeigen.

***

- *Einmal befragte ich dich über Unwissenheit und wie sie entstand, und du sagtest, „Ist sie jetzt hier?" Da die Antwort darauf ist, „Nein, sie ist jetzt nicht hier," habe ich mich gefragt, ob sie überhaupt existiert. Ich dachte, ich stelle dir die Frage noch einmal. Es ist ziemlich schwer zu glauben, aber es scheint so, als ob es sie gar nicht gibt.*

Dann bleib dabei.

- *Ich habe eine damit verbundene Frage. Du hast über höheres Denken gesprochen, und was mit mir im Feld von höherem Denken geschieht, ist, dass ich die Illusion von Unwissenheit loslasse.*

Du kannst auch die Illusion des Gegenteils aufgeben: die Illusion von Erleuchtung. Wenn wir an der Illusion von Erleuchtung festhalten, haben wir nicht wirklich die Illusion der Unwissenheit losgelassen. Erleuchtung ist das Ende der Unwissenheit. Wenn wir immer noch an der Vorstellung von Erleuchtung hängen, sind wir auf gleiche Weise noch immer verbunden mit der Idee von Unwissenheit. Du kannst Erleuchtung nicht von Unwissenheit trennen. Der interessante Zustand ist der, in dem du weder unwissend noch erleuchtet bist.

- *Das fühlt sich irgendwie sehr unangenehm an. Ich bemerke alle möglichen Emotionen, die aufkommen, weil es da keine Kontrolle gibt.*

Und das Mentale möchte wissen! Aber das Mentale, das weiß, weiß gar nichts. Das Mentale möchte wissen, um jemand zu werden. Darum ist es das Beste, es ganz simpel zu halten.

- *Glaub ich auch!*

***

- *Ich versuche den Standpunkt zu verstehen, „Gibt es Unwissenheit hier und jetzt." Wenn du mich fragen würdest, „Gibt es jetzt Unwissenheit?" würde ich sagen, „in meinem Fall, ja." Aber was bedeutet Unwissenheit? Bedeutet das die Annahme, ein getrenntes Wesen zu sein?*

Wenn du behauptest, dass es jetzt Unwissenheit gibt, ist es an dir, dafür eine Definition zu liefern.

- *Nach meinem Verständnis bedeutet Unwissenheit die Illusion, eine getrennte Wesenheit zu sein. Wenn es so ist, würde ich sagen, dass in meinem Fall Unwissenheit herrscht. Ich habe immer noch das Gefühl, ein getrenntes Wesen zu sein.*

Wem oder was erscheint dieses Gefühl?

- *Es existiert selbstständig, allein.*

Aber es erscheint dir.

- *Ja.*

Also ist das, was erscheint, das Gefühl von Trennung, und genau in diesem Moment gibt es Bewusstsein, das sich eines Gefühls von Trennung bewusst ist. Würdest du dem zustimmen?

- *Ja.*

Bist du in dem Moment getrennt von dem Gefühl der Trennung?

- *Nein.*

Genau. Im Jetzt gibt es nie Trennung, nie eine Dualität von Subjekt und Objekt. Sogar während du dich getrennt fühlst, bist du nicht getrennt von diesem Gefühl. Unwissenheit, oder Trennung, erscheint dir wie ein Traum, aber sie hat keine eigene Realität, keine eigene Wirklichkeit.

- *Was in diesem Moment meinen Glauben erzeugt, dass ich getrennt bin, ist das Gefühl einer Anspannung im Körper - und dieses Gefühl scheint immer anwesend zu sein.*

Diese Empfindung der Anspannung erscheint in dir. Nur wenn du dich mit dieser Empfindung identifizierst und sagst, „Ich bin nur das," kannst du ein getrenntes Objekt sein, getrennt vom Bewusstsein, in dem es erscheint. Aber die Wahrheit ist, dass du Bewusstsein bist, nicht die Anspannung. Diese Empfindung ist nicht immer anwesend; sie kommt auf und vergeht wieder, bald gefolgt von einer neuen Erscheinung.

Ich würde gerne meine Behauptung erweitern, dass es im Jetzt nie eine Dualität von Subjekt und Objekt gibt. Bewusstsein und seine Objekte - Gedanken, Körperempfindungen, Sinneswahrnehmungen - sind immer eins. Es gibt nie eine Dualität in unserer gegenwärtigen Erfahrung. Dualität ist eine Neuschreibung der Geschichte, die Interpretation unserer Erfahrung nach dem Ereignis.

Wir erreichen das Verständnis von Nicht-Dualität in einem Drei-Schritte-Prozess. Im ersten Schritt wird der Schüler seiner selbst gewahr als ein „bezeugendes Bewusstsein" und nicht als ein Körper-Mentalgefüge.

Wenn ein Suchender das erste Mal einen Lehrer trifft, glaubt er, „Ich bin dieses Körper-Mentalgefüge und nicht der Rest der Welt. Wenn ich „dies" bin, kann ich nicht „das" sein."
Ihm wird gesagt, „Du sagst, ich bin „dies" und nicht „das". Also gut, wenn das Mentale und der Körper betroffen sind, bist du dann „dies", das bezeugende Bewusstsein, das den Körper und das Mentale wahrnimmt, oder bist du „das", die Ansammlung von wahrgenommenen Objekten, die das Körper-Mental-Gefüge ausmachen? Diese Wahl vor Augen, antwortet er: „Ich bin das bezeugende Bewusstsein."

Er hat sich in seiner eigenen Logik verfangen. Er war gewohnt, alles durch die Brille der Dichotomie, der Aufspaltung in dieses und jenes zu sehen, wo er immer „dieses" war und nie „jenes". Nun ist das Bewusstsein zu „diesem" geworden. Folgerichtig müssen der Körper und das Mentale zu „jenem" werden.

Der Status des Körper-Mentalen wurde herabgestuft von „diesem" zu „jenem", und was er als „ich" erlebte, wurde hochgestuft vom Körper-Mentalen zur bezeugenden Präsenz. Dieses Verständnis hat ihm schon eine Ahnung von Freiheit gegeben.

Im zweiten Schritt wird ihm gesagt, „Diese bezeugende Gegenwart ist unpersönlich, weil sie nicht mehr vom Körper-Mentalen abhängig ist. Der Körper und das Mentale sind persönlich und begrenzt, aber auf diesem Level, auf dem du jetzt bist, gibt es keine Begrenzungen mehr. Da diese bezeugende Gegenwart in keinerlei Hinsicht ein Objekt ist, ist sie auch keiner Begrenzung unterworfen. Jetzt kannst du für die Möglichkeit offen sein, dass diese bezeugende Präsenz, als die du dich jetzt erkennst, unbegrenzt ist. Erkenne, dass es keinen guten Grund gibt zu glauben, dass diese bezeugende Präsenz persönlich ist. Stattdessen ist sie universell." In dem Moment, in dem der Schüler da hinübergeht, geht er nackt, ohne Überlagerung von irgend etwas Persönlichem oder Begrenztem, und er realisiert seine wahre Natur. Er findet seine Freiheit.

Wenn er zurückkehrt, ist die Welt der Objekte immer noch vorhanden, und die Objekte erscheinen immer noch getrennt. Im dritten Schritt wird ihm gesagt, „Da diese Präsenz universell und nicht persönlich ist, und da die Objekte darin erscheinen, darin existieren, und wieder dahinein zurück verschwinden, müssen sie daraus gemacht sein. Diese Präsenz ist die, die du in deinem tiefsten Kern findest, der deine Substanz ist. Deine Substanz ist die Substanz des Universums, deine Erfahrung ist die Erfahrung des Universums". Da Präsenz oder Bewusstsein die Substanz des Universums ist, ist der Schüler nun offen dafür, alle Wesen und alles Übrige, das aufkommt, als etwas zu erkennen, das aus Bewusstsein gemacht ist.

Da gibt es nun keine Trennung mehr: nicht länger „dieses" oder „jenes", Bezeugen oder Bezeugtes. Die Dualität war nur ein pädagogischer Schritt, wo vorübergehend eine Unterschiedlichkeit zwischen „diesem" und „jenem" wahrgenommen wurde, dem Beobachter und dem Beobachteten. Das hatte den Vorteil einer vorübergehenden Existenzberechtigung aus einer Sichtweise, die aus der Unwissenheit entsteht. Diese vertraute Sichtweise wird dann benutzt, den Schüler von seiner Unwissenheit zu befreien.

- *Wenn jemand sagt, dass er eins sei mit einem Objekt, einem Baum zum Beispiel, oder einem Fuchs, ist das etwas anderes als zu sagen, „das Wissen erkennt sich selbst, Bewusstsein ist sich seiner selbst gewahr"?*

Du kannst Zugang zu der Erfahrung von Bewusstsein haben, das sich seiner selbst gewahr ist, wenn du den Gedanken nimmst, „Was bin ich?" oder den Gedanken von Bewusstsein ohne ein Objekt. Aber dennoch mögen da Restmuster und -kontraktionen im Körper verbleiben, die dich vom Zugang zu dieser Erfahrung fern halten, in der Gegenwart von Gedanken, Körperempfindungen oder Sinneswahrnehmungen. Wir müssen so gut in unserer wahren Natur verankert sein, dass kein Gedanke, keine Ereignisse, keine Wahrnehmungen eines äußeren Objektes uns davon wegführen können.

- *Also was hat das mit Gefühlen von Einheit mit Objekten zu tun, mit einem Fuchs, zum Beispiel?*

Diese Einheit muss nicht erarbeitet oder durchdacht werden; sie ist eine unmittelbare Erfahrung. Ein klarer Verstand ist ein Verstand, der frei ist von jeglichem Konzept oder Glaubenssystem, das in Beziehung steht zu einem persönlichen Wesen. Genauso ist ein transparenter Körper ein Körper, der frei ist von jeglichem Gefühlssystem, das die Vorstellung von einer anwesenden Person erschaffen würde. Es ist ein Körper, der total offen ist, wenn also ein Objekt als Erfahrung auftaucht, ein Fuchs zum Beispiel, musst du nicht darüber nachdenken. Es geschieht plötzlich; der Fuchs ist hier, in dir.

Du bist nicht mehr präsent im Körper, weil da im Körper nichts mehr übrig ist, mit dem du dich identifizieren kannst. Du bist überall, und alles ist in dir. Da ist kein Unterschied zwischen dir und dem, was in dir erscheint. Du bist ausgedehnt und du wirst zu dieser Ausdehnung.

Diese spezielle Sichtweise von diesem Verstand ist nur eine von deinen bevorzugten Sichtweisen. Gedanken können immer noch auftauchen. Vielleicht denkst du, „Was für ein netter kleiner Fuchs", aber es gibt keine Probleme, keine Angst, keinen Wunsch, nichts Psychisches.

Es sei daran erinnert, dass die Erfahrung des Beobachters, der zu dem Beobachteten wird, in das Reich der Wahrnehmungen von Zeit gehört, und dass die Erfahrung, bewusst zu sein, vor der Erfahrung der Vielfalt liegt. Es gibt keine Vielfalt ohne Bewusstsein, aber es gibt Bewusstsein ohne Vielfalt.

***

- *Du hast vorgeschlagen, dass wir versuchen sollten, so zu leben, als ob das „Ich" und „Nicht-Ich" nicht getrennt wären, und auch dass wir uns in das Jetzt verlieben sollten. Beide dieser Vorschläge scheinen anzudeuten, dass wir eine gewisse Kontrolle darüber haben, wie wir leben, dass wir eine gewisse Kontrolle über unsere Gedanken und Taten haben. Ist es das, was du meinst?*

Wenn ich solche Dinge sage, spreche ich nicht zu der Person, dem Körper-Mental-Gefüge; ich spreche zum Bewusstsein, das versteht, das lebendig und frei ist. Wenn das, was ich sage, an der Person vorbei direkt zum Bewusstsein selbst geht, bedeutet das, dass da Verstehen ist, und in diesem Moment eine Transformation geschieht. Wir müssen nichts tun, es bedeutet einfach nur, dass etwas geschieht, wenn es dort Verstehen gibt.

- *Dann ist meine nächste Frage: „Leben wir unser Leben oder wird unser Leben von einem heiligen Bewusstsein gelebt?"*

Wir sind das heilige Bewusstsein, das unser Leben lebt. Es gibt da keine zwei Bewusstseine. Dieses ganz einfache Bewusstsein, das diese Worte gerade jetzt hört und sie versteht, ist genau dasselbe heilige Bewusstsein, das jedes Leben lebt. Es gibt keine getrennte Wesenheit im Kosmos. Das Geheimnis, das Magische ist, dass dieses Bewusstsein, das so gewöhnlich scheint, das wir so selbstverständlich nehmen, sogar soweit, dass wir seine Existenz leugnen, sich als das Bewusstsein des Universums herausstellt, das wahre Zentrum des Universums. Man könnte sagen, dass das Universum kein Zentrum hat, oder genauso, dass jeder Punkt des Universums das Zentrum des Universums ist, aber das wahre Zentrum ist Bewusstsein. Also verändert sich alles, kommt und geht, wird geboren und stirbt, aber Bewusstsein oder Präsenz ist immer gleichbleibend.

Wir werden nicht irgendwann in der Zukunft dorthin gehen - als Präsenz sind wir schon da.

***

- *Wenn ich das höre, ist ein Teil von mir aufgeregt und ich erlebe ein Gefühl von Freiheit und Erleichterung, aber es gibt einen anderen Teil von mir, der enttäuscht ist. Ich versuche herauszufinden, was die Quelle dieser Enttäuschung ist. Meine Mutter ist kürzlich verstorben, und ich habe daran gedacht, mit ihr auf spiritueller Ebene in Kontakt zu treten, aber wenn ich bei der Idee bleibe, dass wir alle Bewusstsein sind, sehe ich keine Möglichkeit der Begegnung und keine Erleichterung meines Gefühls von Verlorenheit.*

Die Liebe, die sie dir gegeben hat, ist das Beste von ihr und sie ist immer noch mit dir in deinem Herzen; nur die Verpackung ist nicht mehr bei dir. Du weinst, weil du die Verpackung verloren hast. Wir weinen, weil wir uns daran gewöhnt haben, das Geschenk der Liebe durch eine besondere Art von Verpackung zu bekommen, aber wir müssen erwachsen werden und dahin kommen, wo wir verstehen, dass das Geschenk der Liebe nie aufgehört hat, dass Liebe sich fortwährend selbst gibt mit allen möglichen Formen und Farben verschiedenster Verpackungen. Wir müssen lernen, wie wir all diese Verpackungen öffnen können. Was du an deiner Mutter geliebt hast, war die Liebe selbst; was sie an dir geliebt hat, war die Liebe selbst, und das ist immer gegenwärtig. Ihr Bild führt dich zu zärtlicher Freude, und diese Freude bringt dich zu Liebe und Bewusstsein, aber das Bild selbst ist weder Liebe noch Bewusstsein, weil das Bild einfach nur ein Teil der Verpackung ist.

Auf diese Weise bist du tief drinnen immer mit der Liebe verbunden, die sie dir gegeben hat. Wenn du Liebe gibst, ist das für immer. Und wenn du Liebe bekommst, ist das auch für immer. Wenn wir geliebte Menschen verlieren, oder wenn wir zeitweilig von ihnen getrennt sind, können wir uns im Herzen immer mit ihnen verbinden. Wir können zu dem Kontakt aufnehmen, was zählt - zum Wesentlichen. Der Rest verschwindet. Einfach nur dadurch, dass wir an sie denken oder von ihnen sprechen lassen wir sie aufleben, das bedeutet, dass es immer noch eine Verbindung zu der Präsenz gibt.

- *Wie kann ich wirklich wissen, dass es nur ein Bewusstsein gibt? Intuitiv fühle ich das, aber weiter komme ich damit nicht.*

Das Mentale hängt an dem Glauben, dass Bewusstsein getrennt wäre, so als ob es das wissen könnte. Erstens muss man klar sehen, ein für alle Mal, dass das Mentale nie direkt wissen wird, ob Bewusstsein getrennt ist oder nicht, weil das Mentale keinen direkten Zugang zum Bewusstsein hat.

Jedoch gibt es für das Mentale einen indirekten Weg zu wissen. Das heißt, offen zu sein für die Möglichkeit, dass Bewusstsein nicht getrennt ist. Für das Mentale ist Bewusstsein unsichtbar. Stell dir vor, du spielst Tennis mit Gott, mit dem unsichtbaren Gott. Du spielst, du schlägst auf und der Ball wird fantastisch zurückgespielt, genau auf die Linie. Dann schlägst du erneut auf, gibst dein Bestes, und du erhältst erneut einen perfekten Return, einen Crossball. Du sagst, „Wow, es ist unsichtbar, aber was für eine Rückhand!"

Also kennt das Mentale Gott durch seine Schläge. Du schlägst schlecht auf, wenn du aus der Annahme heraus spielst, eine Person zu sein. Du schlägst gut auf, wenn du offen für die Möglichkeit bist, dass Gott auf der anderen Seite ist, genau hinter der Linie. Wenn du einmal aufgeschlagen hast, siehst du, welche Art Antwort du vom Universum bekommst. Aus der Sicht des Verstandes kannst du daraus nie wirklich schließen, dass du Gott gesehen hast, aber das Mentale kann die Bälle sehen. Das Mentale kann vielleicht einen Schluss ziehen, aber es ist nicht gesund für den Verstand, Schlüsse zu ziehen, und außerdem ist es wertlos. Es ist besser, einfach nur weiter zu spielen. Die schlechte Nachricht ist, dass Gott unsichtbar ist; die gute Nachricht ist, dass du das bist.

Wenn du Fragen stellst, ist das wie ein Aufschlag. Ich sage nicht, dass Francis Gott ist, das muss dir klar sein, das musst du verstehen. Aber wenn du eine Frage stellst, schlägst du den Ball auf und dann beobachte, wie zurück gespielt wird.

- *So weit also kann der Verstand gehen, der Rest gehört in den Bereich der Intuition?*

Wie immer wir das nennen, spielt keine Rolle, aber gewöhnlich verweist Intuition auf etwas, das eine augenblickliche Wahrnehmung ist, etwas, was sich aus dem

Nichts heraus kristallisiert. Aber es gibt dabei auch eine anhaltende Qualität des Wohlgefühls, der Präsenz, der Liebe, des Glücklichseins, des Feierns. Wir können es „das Aroma" nennen oder „die besondere Note".

Eine Art so Tennis zu spielen ist die, nichts außerhalb von sich zu sehen. Solange wir denken, dass der alte Weg, uns selbst als getrennten Körper im Angesicht eines getrennten Universums zu sehen, der einzige mögliche Weg zu sehen ist, halten wir an dieser Art zu sehen fest. Aber wenn wir einmal die Anhaltspunkte überdacht haben, mit all unserer Intelligenz, und zu dem Schluss gekommen sind, dass beide Sichtweisen der Welt gleichwertig sind, können wir zeitweilig die andere Sichtweise einnehmen. So muss man Tennis spielen. Wir werden sehen, dass das die Art ist, gut aufzuschlagen, und dann werden wir sehen, welche Art Rückschlag wir erhalten.

- *Also wenn beide Sichtweisen gleichermaßen gültig sind, spielen wir dann auf beiden Seiten zur gleichen Zeit?*

Nein, du musst die eine oder die andere Seite wählen. Du musst wählen, entweder schlecht aufzuschlagen oder gut aufzuschlagen. Gott ist ein guter Spieler und *sie* hasst es, wenn du schlecht aufschlägst.

Du kannst feststellen, wie das Spiel läuft. Wenn es sich verspielt anfühlt, bedeutet das, dass Gott sich nicht langweilt und *sie* das Spiel fortsetzen möchte; wenn es langweilig wird, bedeutet das, dass Gott gelangweilt ist - keine gute Entwicklung. Der Verstand, das Mentale, kann nie Gott sehen, aber es kann *ihre* Reaktion sehen, was dann zur Folge hat, dass das Mentale sich beruhigt. Das Mentale kann damit einverstanden sein und die Wahrheit und das Gute fühlen. So sieht die Harmonie von Gottes Erwiderungen aus und schließlich verbeugt sich der Verstand davor. An diesem Punkt, wenn das Mentale sich vor der Manifestation der Gnade verbeugt, geschieht Wiedererkennen - Bewusstsein kennt sich selbst.

***

- *Als du gestern „Körper/Mentales/Welt" benannt hast, war das eine große Offenbarung für mich. Ich habe angefangen, es „BMW" (body/mind/world) zu nennen. Als ich das gehört habe, dachte ich, „Ja, natürlich, es ist alles eins!" Vorher habe ich immer gedacht, dass Körper und Mentales eine Sache ist und die Welt eine andere. Dann hast du uns heute Morgen ermutigt, unseren Körper als grenzenlos zu fühlen. Das schien das gleiche zu sein.*

Genau.

- *Also müssen der Körper und das Mentale im gegenseitigen Einverständnis die Einheit erkennen, in dem Verständnis, dass die Grenzen Einbildungen sind. In der westlichen Tradition gibt es ein Triumvirat: Wahrheit, Liebe und Schönheit. Wie sollten wir dies aus der Sichtweise von Schönheit und Liebe verstehen?*

Die Wahrheit kommt zum Vorschein, wenn du dich dem Absoluten durch Gedanken näherst; Liebe erscheint, wenn du dich dem Absoluten durch Gefühle näherst; Schönheit zeigt sich, wenn du dich dem Absoluten durch die Sinne näherst.

Um Schönheit zu erfahren, müssen wir von dieser Verortung im Körper frei sein. Ein wahres Kunstwerk ist ein Werk, das die Macht hat, uns von dieser Verortung zu befreien, zumindest zeitweilig. Es ist ein sensorisches Objekt, das mit den Sinnen wahrgenommen wird. Es ist kein inneres Objekt, so wie eine Gefühlsform oder eine bildliche Vorstellung.

Es gibt zwei Arten von Kunstwerken: die von Menschen gemachten und die von Gott gemachten, zum Beispiel wunderbare Landschaften und Sonnenuntergänge. Letztendlich sind sie natürlich alle von Gott gemacht, weil ein wahres Kunstwerk aus der heiligen Inspiration entsteht und der Künstler Gottes Werkzeug ist. Und eben weil das wahre Kunstwerk diesen heiligen Ursprung hat, ist es in der Lage, uns zurück zum Heiligen zu bringen. Weil wir seine Heiligkeit erkennen, fühlen wir uns über die üblichen Grenzen des Körpers hinaus angezogen - eine so starke Anziehung, dass die üblichen Grenzen überwunden werden.

- *Manche Menschen mögen sich von Kunstwerken oder Musik angezogen fühlen, während andere sich zu der Schönheit der Natur hingezogen fühlen, was direkt von Gott gemacht ist.*

Das Hauptproblem, dem wir gegenüber stehen, wenn wir versuchen, die Erfahrung der Schönheit zu machen, ist unsere Absicht. Solange es da eine Absicht gibt, Schönheit zu erfahren, fokussiert sich der Verstand und ist immer noch im „Tun". Die meisten Museumsbesucher sehen nicht wirklich Kunstwerke - sie trainieren lediglich ihre Beine. Oder, wenn sie alleinstehend sind, erweitern sie ihre Chance, eine eher anspruchsvolle und sensible Person des anderen Geschlechts zu treffen.

Aber ich habe das Thema gewechselt. Was ich wirklich ansprechen wollte, ist Folgendes: Wenn wir ein Kunstwerk betrachten, haben wir die Absicht, Schönheit zu erfahren, Gott zu erfahren, aber genau diese Absicht steht uns im Weg.

Die beste Weise, sich einem Kunstwerk zu nähern, besteht darin, davor zu stehen ohne es zu ergreifen - was wir gewöhnlich versuchen. Nur ein Objekt kann festgehalten werden. Manche Menschen sind sehr gebildet in Bezug auf Kunst. Sie nehmen das Leben des Künstlers, alle biographischen Einzelheiten, z.B. das Glück oder Unglück des Künstlers, wie viele Kinder er hatte, wie er gestorben ist und so weiter. Andere ergreifen die Technik. Aber um eine Erfahrung von Schönheit, von Gott zu haben, müssen wir all das Ergreifen dieser Art loslassen und dem Kunstwerk Zeit geben, zu uns zu sprechen. Wir nähern uns ihm mit Aufmerksamkeit und Respekt.

Wenn wir zum Beispiel in ein Meisterwerk von einem der großen Meister eintauchen möchten, müssen wir geduldig sein und nicht versuchen, es in einen vollen Tag zu pressen. Wir warten in einer meditativen Haltung und erlauben dem Gemälde, sich selbst zu enthüllen. Diese Meisterwerke haben einen tiefen Sinn, den sie überbringen, weil sie aus einer Intuition der Wahrheit kommen. Wir können sie viele Male sehen, und wie oft wir sie auch sehen, sie eröffnen uns jedes Mal etwas Neues. Das ist genauso wie beim Lesen der Weisheiten eines Heiligen; egal wie oft wir solch ein Buch lesen - es ist jedesmal wieder neu.

Ein wahres Kunstwerk erstaunt dich jedes Mal dadurch, dass es dich durch einen überraschenden Blickwinkel zur Schönheit führt. Andererseits ist es möglich, gesättigt zu werden. Wenn du zum Beispiel eine Symphonie wieder und wieder hörst, wird dein Hören zur Gewohnheit degenerieren. Wenn du sie für eine Weile loslässt und dann wieder zu ihr zurück kommst, werden deine Ohren erfrischt sein und du wirst neue Schönheit entdecken.

Das Gleiche gilt für ein Buch über Gott. Wenn du es zehn mal hintereinander liest, scheint es, als ob du den letzten Tropfen Inhalt heraus gewrungen hättest, aber wenn du es dann für ein Jahr beiseite legst, wirst du es als völlig neues Buch wieder entdecken.

- *Ich verstehe, dass man sich der Malerei in einer meditativen Haltung nähern muss, aber man muss eine bewusste Entscheidung treffen, um ins Museum zu gehen und sie sich anzusehen. In der Natur jedoch geschieht es oft, dass ich zutiefst von irgendetwas anderem eingenommen bin und plötzlich mich von der Schönheit der Natur um mich herum überwältigt fühle.*

Aber es ist das gleiche mit Malerei und Musik; du musst dem Kunstwerk erlauben, zu dir zu kommen, alles was von deiner Seite aus verlangt wird ist, offen zu sein. Es braucht eine bestimmte Zeit, um sich selbst zu eröffnen, weil das Mentale in Serie arbeitet, eins nach dem anderen, und das ganze Bild ist erst erschlossen, wenn eine bestimmte Anzahl von Komponenten zusammen gefügt wurde. Es geschieht oft, dass die Bedeutung eines Gedichtes nicht vor der letzten Zeile eröffnet wird.

- *Kann man daraus schließen, dass alle Literaturkritik sinnlos ist?*

Normalerweise würde ich sagen, dass neunundneunzig Prozent aller Kunstkritik sinnlos ist, aber mit Blick auf die moderne Literatur müsste ich den Prozentsatz anheben, obwohl es da Ausnahmen gibt. Ich bin nicht mit englischer Literatur vertraut, aber es gibt zwei französische Kritiker, René Hughe und André Malraux, die über Kunst in interessanter und positiver Weise geschrieben haben. Beide Männer hatten ein Gefühl von Präsenz. Soweit ich weiß, waren sie nicht religiös, aber sie hatten ein Gefühl für das Heilige, Sakrale, das tiefer geht als konventionelle Religion.

Schönheit ist mit Liebe verbunden. Ich würde sagen, dass Schönheit das Äußere der Liebe ist und Liebe das Innere der Schönheit. Wenn die Trennung zwischen Körper und Welt vergeht, dann wird das, was gewöhnlich das Äußere war, zu Schönheit, und das, was innerlich war, zu Liebe.

Liebe ist Einbeziehung. Wenn der Körper so groß wie das Universum wird, wenn er alle Wesen willkommen heißt und umarmt, wird Liebe manifest. Und wenn das Universum zu dem wird, was wir sind, manifestiert sich Schönheit. Wenn wir ein Gefühl in dieser Ausweitung wahrnehmen, und dieses Gefühl frei von Grenzen ist, dann ist das Liebe. Und wenn wir eine Sinneswahrnehmung in dieser Ausdehnung haben, und die Sinneswahrnehmung keine Grenzen hat, dann ist das Schönheit. Ein wirkliches Kunstwerk hat zumindest zeitweise die Wirkung, Grenzen aufzulösen.

3 Vor dem Urknall

- *Ich habe gehört, wie du Leuten geraten hast, nicht aus Angst oder Wunsch heraus zu handeln, und ein andermal habe ich gehört, wie du uns empfohlen hast, unserer Glückseligkeit zu folgen. Kannst du das klären?*

„Dem Glücksmoment zu folgen" geschieht im Jetzt. „Aus einem Wunsch heraus zu handeln" bezieht sich auf die Zukunft.

Wenn du deiner Freude folgst, akzeptierst du die gegebenen Umstände und Möglichkeiten. Wenn du in einem Zustand von Wünschen bist – im Wunschdenken -, ist die Realität nicht gut genug für dich. Wenn du die Totalität der Situation akzeptierst und dann deinen Glücksmomenten folgst, erlaubst du der Situation sich selbst zu entfalten, ohne ihr deinen Willen als Person aufzudrängen. Du bist ein Gärtner, der nicht zurückschneidet und den Pflanzen erlaubt, auf natürliche Weise zu wachsen. Da gibt es keine Angst; dagegen befürchtest du, wenn du etwas ersehnst, dass du es nicht bekommst.

Da kann es ein Ziel geben, für das du deiner Freude folgst, und es mag so aussehen wie ein Wunsch. Es ist kein Wunsch, wenn die Freude schon am Anfang des Pfades da ist, die dich zum Erreichen des Ziels führt, und wenn es letztendlich nicht wichtig ist, ob das Ziel erreicht wird oder nicht. Ja, das Ziel kann sich unterwegs sogar verändern. Das Ergebnis ist nicht so wichtig wie die Handlung selbst. Die Freude erscheint am Anfang der Handlung, nicht am Ende.

- *Wenn man also seiner Glückseligkeit folgt, ist man schon in seiner Glückseligkeit; man bleibt nur darin.*

Ich spreche über alltägliche Lebenssituationen, nicht über etwas Außergewöhnliches, was nur einige Weise erreicht haben. Wir alle kennen solche Momente, wenn wir voller Freude reagieren, „Ja, das machen wir! Lasst uns ein Yoghurteis essen. Lasst uns eine Frage im Satsang stellen."

Ganz nebenbei, es ist nicht unbedingt notwendig, Fragen zu stellen. Die meisten von uns waren bei vielen von diesen Dialogen dabei, „eine Karotte kunstvoll zu sezieren". Es gibt allerdings nur begrenzte Möglichkeiten, das zu tun, und dann kommt der Moment, in dem du alle Möglichkeiten erforscht hast. Das Mentale sollte dann wissen, was eine Karotte ist. Es hat dann alle Teile und alle Unebenheiten gesehen; es hat den Gegenstand unter einem Mikroskop, aus einem Abstand heraus und von allen Seiten gesehen. An diesem Punkt ist das Mentale still, weil es befriedigt ist; es weiß alles über eine Karotte und ist nicht länger besessen von Gemüse.

***

- *Francis, die Beziehung zwischen Absicht und Spontaneität beschäftigt mich. Ich spüre, dass Absicht, dass das, was man zu tun beabsichtigt, wichtig ist. Man kann lernen, seine eigenen tiefen und wahren Absichten herauszufinden, und das hilft, das eigne Leben zu motivieren. Und doch gibt es das Spontane innen und außen. Es scheint so, als hielte dich Absicht für eine Weile auf einem einzigen Weg, während die Freude an der Spontaneität so ist, als lehntest du dich zurück und verzichtetest auf Absichten.*

Um ein genaues Beispiel zu geben: Jemand entschließt sich, eine Institution zu gründen um Südafrika von Landminen zu reinigen, und gibt zehn Jahre seines Lebens diesem Projekt. Das ist ein wundervolles Projekt, aber wegen dieser Verpflichtung und der Ab-

sicht muss die Person alle anderen Arten von spontanen Dingen außer Acht lassen, die sich entlang des Weges zeigen. Ich ringe selbst mit den zwei Seiten dieses Unternehmens.

Man sollte ohne Absicht sein, was einfach bedeutet, nicht abhängig von irgendeiner vorhergehenden Absicht zu sein. Wenn wir die Absicht kristallisieren oder versteinern, töten wir die Freude. Wir müssen die Absicht für immer lebendig halten, dadurch, dass wir nahe an ihrer Quelle bleiben. Der Fluss, das Tao, fließt nicht immer gradlinig.

- *Auf der anderen Seite gehst du selbst Verpflichtungen mit Menschen ein, wovon einige dich vielleicht über Jahre in die Zukunft binden.*

Aber ich kann absagen! Da ist Freiheit. Aber konzentrieren wir uns nicht auf mich im Speziellen. Um unser Leben zu ordnen, ist der beste Weg für uns alle, in unsere Überlegung die ganze Situation einzubeziehen und die Situation von einem unpersönlichen Blickpunkt aus anzusehen. Wenn es einen Wechsel der Absicht gibt, während die Dinge sich entfalten, wird es ein Wandel zum Besten sein und es wird das allgemeine Interesse in Rechnung ziehen. Wir wären nicht glücklich, wenn wir eine Entscheidung nur für den persönlichen Vorteil treffen würden und dadurch den freien Fluss des Taos und die allumfassende Harmonie der Situation verhinderten.

Eine „persönliche" Absicht ist eine, die ein persönliches Individuum einbezieht, das Befreiung vom Jetzt sucht; eine „unpersönliche" Absicht kommt *aus dem* Jetzt, aus der freudigen, totalen Akzeptanz dessen, was ist. Es gibt da keinen Jemand, der beabsichtigt, obwohl da vielleicht ein Körper ist, dessen Bedürfnisse in Betracht gezogen werden müssen.

Solange wir einfach intellektuell reflektieren oder eine bestimmte Art von Meditation praktizieren, sind wir in der Phase der Blüte, aber noch nicht auf der Stufe der Frucht, wo wir dann sind, wenn wir versuchen, unser tägliches Leben in Übereinstimmung mit unserem Verstehen zu leben. Dann tut sich die Frage auf, „Was ist die richtige Handlung, die spontane Handlung?" Die Frage erscheint nicht theoretisch, sondern aus Gutwilligkeit, aus reiner Absicht, weil wir so leben wollen, oder es zumindest versuchen. Guter Wille an sich ist genug.

- *Also nimmt Gutwilligkeit oder reine Absicht den Platz von persönlicher Absicht ein?*

Ja, aber die wirklich reine Absicht ist frei von politischer Korrektheit und kümmert sich nicht im Geringsten um das, was die anderen denken. Es ist nicht unbedingt das, was in bestimmten Kreisen derzeitig als richtiges Handeln oder als richtiger Ort betrachtet wird. Es gibt Modeerscheinungen. Manchmal ist es Mode, ein Buddhist zu sein, manchmal ein Advaitist, manchmal nach Afrika zu gehen oder nach Kalkutta und Gutes zu tun; aber über so etwas sprechen wir hier nicht.

***

- *Wie ist die Beziehung zwischen Denken und Wissen? Es scheint so, als wäre der Wert des Redens, wenn wir uns gedanklich durch etwas durcharbeiten, der, zum inneren Wissen zu gelangen. Aber wenn ich den Ursprung meiner Gedanken erforsche, scheint es, als entspringen die meisten davon der Angst, möglicherweise der Angst, unwissend zu bleiben.*

Ich erkenne, dass im Wissen keine Gedanken notwendig sind. Aber Denken scheint mich aus dem Wissen heraus zu bringen. Also scheint es zwar so, dass Gedanken in ein Gefühl von Angst oder Mangel eingebet-

tet sind, dass aber doch etwas damit erreicht werden kann, Gedankengängen zu folgen, weil es manchmal dazu führt, dass das Denken aufhört. Vielleicht kann das Denken dich ein Stück weit dort hinbringen

Ich bin nicht sicher, dass deine Beobachtung korrekt ist, dass der Gedanke oder die Frage nach der Wahrheit aus der Angst kommt. Das, was aus der Angst kommt, ist der Gedanke, der vor der Wahrheit flieht oder sie nicht wissen will. Nach meiner Erfahrung kommt der Gedanke, der die Wahrheit sucht, nicht aus Angst.

- *Er kommt aus einem Gefühl des Mangels; er sucht nach etwas.*

Ja, aber er kommt aus Interesse, was ein anderes Wort für Liebe ist - in diesem Fall einer Liebe zur Wahrheit, zur Intelligenz und zum Verständnis. Er ist ganz anders als der Gedanke, der nicht verstehen will, der auf Ängsten und Wünschen herumreitet und zu den alten Gewohnheiten zurückkehrt.

- *Es scheint zwei Kategorien von Gedanken zu geben: die einen, die sich verstecken und erhalten wollen, und die anderen, die motiviert sind von Liebe und dem Wunsch zu verstehen.*

Ja, die Gedanken der zweiten Kategorie sind von dem Wunsch motiviert, die Wahrheit zu kennen und von der Liebe zur Wahrheit. Da gibt es einen entscheidenden Unterschied, weil die Gedanken, die die Wahrheit wünschen, in sich schon eine Qualität von Freude und Frieden haben.

- *Und diese Gedanken sind bereit, sich selbst aufzugeben?*

Ja. Sie schauen nach der Möglichkeit, sich selbst aufzugeben, was durch Verständnis geschieht, was wiederum zur Erfüllung führt. Diese Gedanken kommen nie zweimal auf die gleiche Weise; sie kommen jedes Mal aus einem etwas anderen Blickwinkel wieder, weil das Verstehen des vorangegangenen Gedankens einigen Müll vom Mentalen ausgemerzt hat.

- *Es ist fast so als ob Liebesgedanken das Mentale auflösen.*

Ja, sie lösen die Glaubenssysteme auf, die das falsche Wissen kreiert haben, speziell den arroganten Glauben, „Ich weiß etwas, ich kenne Dinge." Alles, was ich weiß, ist, „Ich bin" und „da gibt es etwas, statt nichts." Das ist alles, was wir wissen, und alles, was wir wissen können; der Rest ist Spekulation.

- *Gibt es irgendeine Beziehung zwischen den beiden Gedankenformen, den Angstgedanken und den Liebesgedanken? Es scheint so, als existierten sie im selben Mentalen.*

Genau. Es ist dasselbe Mentale, aber jede Gedankenkategorie kommt aus einer anderen Quelle. Der Angstgedanke kommt aus der Vergangenheit, aus der Erinnerung. Es ist die Fortsetzung aus dem Gedanken-Gefühl, „Ich bin ein getrenntes Wesen." Dieser Ich-Gedanke oder dieses Ich-Gefühl, das "Ich bin ein getrenntes Wesen", ist der Baumstamm, und die Gedanken, die aus der Vergangenheit kommen, sind die Zweige. Der Gedanke, der die Wahrheit sucht, kommt spontan aus heiterem Himmel, aus dem Nichts. Er ist neu und nicht aus der Vergangenheit. Er befreit und bringt Freude. Darum sage ich, „folge deiner Glückseligkeit", was auch bedeutet, „folge deinem Interesse". Wenn du ein Wahrheitsliebender bist, musst du dich nicht auf die Wahrheit oder auf Gott fokussieren oder konzentrieren; du lässt Gott das für dich machen. Es ist *ihre* Liebe, die sich auf dich fokussiert, wann immer es einen Gedanken über die Wahrheit gibt. Es bist nicht du als eine Person, die ihn hat, es ist Gott, *die* über sich selbst nachdenkt.

> - *Also ist es dasselbe Mentale; es ist einfach so, dass es manchmal von Angst und Wunsch benutzt wird und ein anderes Mal von Gott.*

In Indien sagt man, dass der Wind die Wolken vor die Sonne schiebt und dass es der gleiche Wind ist, der sie wieder wegfegt. Der Wind ist das Mentale. Es ist das Mentale, das das Durcheinander gemacht hat, und es ist dasselbe Mentale, das es wieder ordnet. Die erleuchtete Begründung wird in Indiens Philosophie sehr anerkannt. Sie haben sogar einen Namen dafür: *Vidya Vriti*. Der indische Weise, Atmananda Krishna Menon, nannte es „Höheres Denken". Es ist wichtig, das höhere Denken in uns zu erkennen, weil ein gängiges Missverständnis auf dem Weg das ist, alle Gedanken und Fragen einzustampfen - eine ziemlich brutale Herangehensweise.

Ob du über die Wahrheit sprichst oder nicht, im Satsang zum Beispiel, ist abhängig von deiner Absicht. Wenn du sprichst und deine Absicht aus dem Heiligen, aus Gott kommt, dann gibt es eine besondere Qualität: Es ist höheres Denken, das den Wert von Stille hat. Aber wenn du deine Gedanken und Fragen unterdrückst, um Stille zu erreichen, wirst du eine vollkommen andere Art von Stille bekommen: nur eine zeitweise Einstellung von mentaler Aktivität, und das hat keinen Wert, weil es kein Aroma hat, keinen Saft.

Sei mit dem, was erscheint. Manchmal denken wir und manchmal nicht, manchmal bewegen wir uns und manchmal nicht, manchmal spielen wir und manchmal nicht, manchmal essen wir und manchmal schlafen wir. Wenn wir zulassen, dass sich dieser Wechsel zwischen aktiven und passiven Zuständen auf natürliche Weise entwickelt, nehmen wir unseren Standpunkt als wahre, unwandelbare Präsenz ein, die kein Objekt ist.

- *Wenn wir keinen freien Willen haben, sind wir dann wie Marionetten, deren sämtliche Gedanken und sämtliche Handlungen von einem unsichtbaren Gott manipuliert werden?*

Ja, aber das ist kein unsichtbarer Gott, weil dieser unsichtbare Gott nicht existiert. Die Fäden sind von der Totalität geführt; von der Konditionierung, der Software und der Hardware, und von dem jeweiligen Einfluss der Welt, die uns umgibt, sowohl auf der groben wie auch auf der subtilen Ebene der Gedanken. Auf der groben Ebene befinden wir uns in guter oder schlechter Verfassung auf Grund des Wetters. Auf der subtilen Ebene befinden wir uns in einer guten oder schlechten Laune, weil jemand zu uns freundlich oder garstig gesprochen hat. Bei all dem gibt es keinen freien Willen.

- *Aber bedeutet das, dass unser Körper-Mentalgefüge eine hilflose Marionette ist?*

Es kommt darauf an, was wir unter „Körper-Mentalgefüge" verstehen. Es ist letztendlich nur eine Zusammensetzung von sich selbsterhaltenden Gewohnheiten. Wenn du in deiner Badewanne sitzt und das Wasser aufrührst, wird das Wasser für eine Weile von alleine in Bewegung bleiben; du hast die Gewohnheit einer bestimmten Art von Bewegung erschaffen. Das Körper-Mentalgefüge, dieses Gebilde aus Gewohnheiten, besteht einfach nur aus Atomen und Molekülen, die eine Zeit lang miteinander tanzen.

- *Aber es ist mir immer noch nicht klar, ob wir total hilflos sind angesichts dieser äußeren Faktoren und unserer eigenen Konditionierung.*

Du benutzt den Satz, „Wir sind total hilflos." Aber um eine Antwort auf diese Frage zu finden, müssen wir sicherstellen, dass die Frage unzweideutig gestellt wurde. Wir müssen uns klar sein, was „wir" bedeutet, wenn wir „wir" sagen. Meinen „wir" damit das Körper-Mentalgefüge, diese Gewohnheit oder die Zusammensetzung von Gewohnheiten? Wenn das so ist, was kann sinnvoll über ein Gefüge aus Gewohnheiten gesagt werden? Hilflos zu sein oder nicht ist eine Eigenschaft, die nicht für eine Zusammensetzung von Gewohnheiten gelten kann, die kein eigenes Leben hat.

Wenn du süchtig nach Rauchen bist, würdest du dann sagen, „Meine Sucht ist hilflos"? Nein. Das wäre kein korrekter Sprachgebrauch. Du würdest sagen, „Ich bin hilflos in Bezug auf diese Sucht," oder, „Ich scheine in Bezug auf diese Abhängigkeit hilflos zu sein". „Ich" ist das Subjekt, aber „ich" bezieht sich nicht auf die Sucht selbst.

Ebenso personifizieren wir das Körper-Mentale, wenn wir sagen, dass das Körper-Mentale hilflos sei. Aber wir meinen nicht wirklich nur Körperliches und Mentales. Wir meinen, dass das Bewusstsein-Körper-Mentale, als eine einzelne Wesenheit, hilflos ist. Aber so eine Wesenheit existiert nicht; das ist nur ein Konzept, das zwei Elemente vermischt: Bewusstsein auf der einen Seite und das Körper-Mentale auf der anderen. Diese Elemente sind so unvereinbar wie Öl und Wasser; sie vermischen sich nicht.

- *Aber unser Körper-Mentales, in seinem Nicht-Wissen, denkt, dass es die Freiheit hat, seinen Verstand nach innen zu richten, in Ausrichtung auf Gott.*

Aber es ist nicht das Körper-Mentale, das diese Freiheit hat; es ist das Bewusstsein selbst, das diese Freiheit hat.

- *Aber Wendell, ein Körper-Mentales, denkt, dass er diese Freiheit hätte. Oder?*

Wendell ist kein *Körper- Mentales.*

- *Er denkt, er sei es.*

Dieser Gedanke, dass er ein Körper-Mentales sei, *erscheint* Wendell, und das, dem dieser Gedanke erscheint, ist weder ein Körper noch etwas Mentales. Es ist nur ein Konzept zu denken, dass der Gedanke einem Mentalen erscheint. Das Mentale ist der Gedanke, der erscheint. Dasjenige, dem der Gedanke erscheint, dem dieser Gedanke erscheint, ist selbst weder ein Gedanke noch ein Objekt, und das ist Wendell.

- *Aber ich spreche von dem Wendell, der aufsteht, frühstückt und einen Spaziergang macht, der denkt, die Freiheit zu haben, sich nach innen zu wenden. Ich spreche da von dem Körper-Mentalen.*

Dieser Wendell, auf den du dich beziehst, erscheint nur, wenn du an ihn denkst, als ein Konzept. Wenn du am Morgen aufstehst, denkst du nicht „Wendell steht auf". Wenn du denkst, „Wendell steht auf", stehst du nicht mehr auf, du denkst „Wendell steht auf." Wenn Aufstehen geschieht, gibt es nur Aufstehen. Wenn Frühstücken geschieht, gibt es nur Frühstücken; es gibt da keinen Frühstückenden.

- *Gibt es da irgendwo eine Marionette?*

Da gibt es nicht einmal eine Marionette. Dieses Konzept „Marionette" ist ein Werkzeug, das benutzt wird, um das Bewusstsein von dem Körper-Mentalen zu befreien. Mit diesem Werkzeug wird das Körper-Mentale als eine Marionette weg-erklärt, aber sogar das ist nicht unsere Erfahrung.

Es ist wichtig zu verstehen, dass wir als Person nicht der Macher sind. Der Weg, das tief drinnen zu verstehen, ist zu verstehen, dass wir unsere Gedanken und Wünsche nicht wählen. Dann können wir verstehen, dass es da kein unabhängiges Wesen gibt, das all diese Wünsche hat; da sind nur Wünsche. Dasjenige, dem oder in dem diese Wünsche erscheinen, ist nicht etwas, was wahrgenommen werden kann; es ist kein Objekt, es ist kein Körper und nichts Mentales. Darum kann es keine Marionette sein.

**

- *Selbst wenn es akzeptiert wird, dass wir Bewusstsein sind, und dass es nur Bewusstsein gibt, frage ich mich noch, „Was ist die Bedeutung des Universums?" und dann frage ich mich, ob diese Frage irgendeine Bedeutung hat!*

Wir müssen zu der Bedeutung des Wortes „Bedeutung" zurückgehen. Was ist unsere Erfahrung von „Bedeutung"? Wenn wir die Bedeutung von etwas verstehen, dann ist das eine Erfahrung. Es ist ganz einfach die Erfahrung von Verstehen, richtig?

- *Es ist eine Art von Verstehen, aber kein logischer Gedanke; ich kann das nicht erklären.*

Oh, absolut! Es ist das gleiche, wie nicht in der Lage zu sein, zu Gunsten einer Sache zu argumentieren, wenn sie für dich ganz offensichtlich ist. Viele dieser Erkenntnisse sind offensichtlich. Einige können mit Worten erklärt werde, einige nicht. Es gibt auch Aspekte von Schönheit und Liebe, die man nicht mit Worten erklären kann, aber sie sind immer noch offensichtlich.

Das gleiche gilt für unseren Sinn für Humor: Wenn du versuchst, einen Witz zu erklären, tötest du ihn. Ein guter Witz ist selbstverständlich, und jeder lacht.

- *Also ist die Bedeutung offensichtlich im Bewusstsein?*

Bedeutung ist diese offensichtliche Qualität des Bewusstseins. Tatsächlich erscheint Sinn, wenn eine Frage oder eine Ahnung von etwas Fehlendem ihre Antwort im Bewusstsein findet. Bewusstsein ist in dem Moment die Antwort.

Das bedeutet also, dass der Sinn des Universums (deine Frage) die Auflösung dieser Manifestation in ihrer Quelle ist. Der Sinn eines Gedankens ist die Auflösung des Gedankens im Verstehen, in seiner Quelle. Der Sinn der Welt ist die Auflösung der Welt in ihrer Quelle.

- *Was auch Schönheit ist?*

Was auch Schönheit ist. Die Bedeutung einer Sache, die unbekannt ist oder unvollständig bekannt, ist die Auflösung der Sache im Wissen, in ihrem Erkennen, was im Bewusstsein liegt.

Vor zwei oder drei Wochen sollte das Buch „*Eternity Now*" in Frankreich publiziert werden. Ich hatte einen Traum, und in diesem Traum erschien ein Titel für das Buch, auf französisch. Dieser Titel hat keine direkte Verbindung zu *Eternity Now*, und ich werde es schwer haben, den französischen Verleger von seiner Relevanz zu überzeugen. Aber er kam aus heiterem Himmel. Und dieser Titel ist im Französischen poetisch, nicht im Englischen; er heißt „*Le sense des Choses*". Das bedeutet: *Der Sinn der Dinge*. Verrückt! Aber es kam einfach aus dem Nichts.

Bevor Sachen sich in der Quelle auflösen haben sie keine Bedeutung, aber wenn sie sich auflösen, nehmen sie eine Bedeutung an. Mit anderen Worten - solange eine Sache anwesend ist, kenne ich sie nicht genau; aber wenn sie verschwindet, dann kenne ich sie. Wenn die Sache im Erkennen verschwunden ist, ist das, was zurückbleibt, Bedeutung - die wirkliche Sache, die kein Ding ist.

- Danke.

***

- *Mich bewegt auch die Frage nach dem freien Willen. Es war meine Erfahrung, dass ich weder wähle noch entscheide; Gedanken entstehen einfach, und wenn es eine Entscheidung zu treffen gibt, erkenne ich, dass einige Gedanken aufkommen, die entweder dafür oder dagegen sind, bis schließlich ein Gedanke erscheint, der sagt, „Das mach ich!"*

Aber ich bin nicht sicher, welche Haltung ich gegenüber Gewohnheiten einnehmen soll - zum Beispiel schlechten Gewohnheiten, wie die Zeit mit Fernsehfilmen zu verschwenden. Es ist meine Erfahrung, dass eine Entscheidung, eine bessere Richtung einzuschlagen, nicht funktioniert. Aber wenn ich entscheide, dass ich sowieso keine Kontrolle habe und einfach meinen schlechten Gewohnheiten nachgebe, ist das auch nicht befriedigend. Also wenn ich die Haltung einnehme, dass alle Gedanken und Wünsche von Gott kommen, oder woher auch immer, und ich keine Kontrolle über sie habe, sollte ich dann also nichts entscheiden, nichts kontrollieren und keine Anstrengung machen, etwas zu wählen? Ist das die Richtung, die du empfiehlst?

Ja. Wir beobachten schlechte Gewohnheiten einfach nur, mit Interesse, als Phänomene, ohne jede Beurteilung oder Wünsche, sie zu ändern oder zu wählen. Wir begrüßen die Totalität der Situation. Wenn wir das tun, nehmen wir die Haltung als Bewusstsein ein, nicht als Körper-Mentales oder als begrenzte Wesenheit.

Das Problem ist, dass wir inkonsequent sind und nicht immer die Haltung als Bewusstsein aufrecht erhalten. Zum Beispiel, wenn manchmal eine schwierige schlechte Gewohnheit auftaucht. Fast augenblicklich erscheint eine zweite alte Gewohnheit, die die erste Gewohnheit kritisiert. Und dann erscheint eine dritte, die die Situation insgesamt verurteilt und daraus schließt. „Ich habe diese Sache mit dem Begrüßen versucht und sie funktioniert nicht."

Natürlich funktioniert sie nicht! Aus dem einfachen Grund, dass ich nicht bereit war, das zu begrüßen! Und wenn ich sage, "Die Sache mit dem Begrüßen funktioniert nicht", bin ich nicht offen dafür! Mit anderen Worten bin ich aus der Willkommens-Haltung ausgestiegen, nur um zu behaupten, dass sie nicht funktioniert. Aber ich habe schon verurteilt und nicht zugestimmt. In diesem Moment habe ich wieder eine Person erschaffen, die behauptet, dass unpersönliche Handlung nicht funktioniert. Ich nehme damit nicht die Haltung als Bewusstsein ein.

An diesem Punkt würde ich gern mehr über den freien Willen sagen. Wir müssen uns darüber klar sein, dass es nur aus der Sicht der Person, dem Körper-Mentalen, keinen freien Willen gibt - dass wir keine Person sind, die macht, wählt und entscheidet. Und die gute Nachricht ist, dass das Körper-Mentale nicht die letzte Autorität ist, nicht der Boss. Das wird von unserer Erfahrung bewiesen: Wir haben ein tiefes Gefühl von unserer Freiheit, von unserem freien Willen, von unserer Fähigkeit, spontane Entscheidungen zu treffen und spontane Gedanken zu empfangen, aus heiterem Himmel, aus dem Nichts, aus der Inspiration. Dieses tiefe Gefühl von unserer Freiheit ist authentisch, weil es aus der Erfahrung unserer wahren Natur kommt. Als Bewusstsein, das gerade jetzt diese Worte hört, als diese Freiheit, die nicht-örtlich und zeitlos ist, als Bewusstsein, das in der Zeitlosigkeit existiert, treffen wir alle Entscheidungen und wir kreieren alle Gedanken, alle Dinge. Als diese zeitlose Präsenz sind wir das Zentrum der Natur, des Universums. Das, was vor dem Urknall war, ist immer noch präsent in uns, im Zentrum, so wie es in jedem Wesen ist, in jeder existierenden Sache. Die Erfahrung von Bewusstsein, die so eindrucksvoll ist, wird von den meisten Menschen übersehen. Sie verstehen nicht, dass es die Erfahrung ist, durch die wir in dem Vor-Urknall-Status bleiben - durch den wir im Zentrum von allen Dingen bleiben.

Es gibt zwei Seiten unserer Erfahrung: Die äußere Seite von Objekten, von Phänomenen, die in der Zeit ist und die eine Show ist; und die ewige, zeitlose Seite, die innen ist und die immer existiert hat. Wir könnten die letztere die Seite der „höchsten Wirklichkeit" nennen. Wir haben nie den Kontakt zu dieser höchsten Wirklichkeit der Dinge verloren, weil wir sogar als ein Ding unser Zentrum kennen, unsere eigene wahre Natur. Die eigene wahre Natur wird immer anwesend sein, weil sie nicht in der Zeit existiert.

***

- *Du hast vorher gesagt, dass die Bedeutung von Objekten in ihrer Auflösung liegt. Also fing ich an zu überlegen, was die Bedeutung von Objekten ist, die sich noch nicht aufgelöst haben? Was ist der Sinn von Nicht-Verstehen?*

Es gibt da ein Missverständnis. Das bezog sich auf die Auflösung von Objekten. Statt das Wort „verstehen" zu benutzen, hätte ich das Wort „kennen" benutzen sollen. Wenn wir etwas kennen, dann löst sich das, was bekannt ist, oder bekannt wird, im Wissen auf, oder in „Wissenheit". Wenn wir einen Gedanken kennen, die Bedeutung, den Sinn eines Gedankens, ist der Gedanke nicht mehr gegenwärtig. Der Gedanke hat sich in seiner Bedeutung aufgelöst, was Bewusstsein ist, was Wissenheit ist. Und dann sagen wir, „Ich kenne den Gedanken, ich verstehe."

Im Fall von Gedanken sagen wir, „Ich verstehe". Aber im Fall von einem äußeren Objekt, das wir wahrnehmen, geschieht der Prozess mit erstaunlicher Geschwindigkeit. Wenn wir es kennen, ist das Objekt als solches nicht länger präsent.

- *Also gut, um meine Frage neu zu formulieren, was ist die Bestimmung von Nicht-Wissen, warum kommt das alles hervor, angefangen mit: Bewusstsein, das sich selbst kennt, aber wählt, sich nicht zu kennen?*

Deine Frage setzt voraus, dass etwas wahr ist und dann fragt, „Warum ist das so?" Aber tatsächlich gibt es so etwas nicht. Deine Frage ist, „Warum gibt es Unwissenheit?" Sie setzt voraus, dass es da Unwissenheit gibt und sie setzt voraus, dass da jemand ist, der unwissend ist. Aber wenn wir das untersuchen, finden wir heraus, dass es nie jemand Unwissenden gegeben hat und dass es nie Unwissenheit gab. Die Unwissenheit wird von der Frage erschaffen. Wenn wir die Frage stellen, „Warum gibt es Unwissenheit?" *darin* liegt die Unwissenheit, genau da in dieser Frage. Das ist die eine Frage, die das Wasser trüb macht und die Illusion erschafft.

Du beziehst dich auf die Vergangenheit, die vergangene Unwissenheit. Unwissenheit existiert nie in der Gegenwart; sie ist immer in der Vergangenheit oder in der Zukunft. Wenn du mir erlaubst kurz abzuschweifen - diejenigen von uns, die gerne indische Sanskrit-Texte lesen, finden oft ein spezielles Adjektiv, das auf Unwissenheit angewandt wird, was gewöhnlich übersetzt wird als: „ohne Anfang", Unwissenheit, die nie einen Anfang hatte. Ich kann mich nicht an das genaue Sanskrit-Wort erinnern.

Wenn du über den etymologischen Sinn dieses Adjektivs nachdenkst, gibt es eine andere mögliche Interpretation, nämlich „Unwissenheit, die nicht in der Gegenwart existiert", „Unwissenheit, die nicht in der Gegenwart zu finden ist". Ich glaube, das ist es, was die alten Lehrer gemeint haben. Sie meinten nicht, dass Unwissenheit keinen Anfang hätte, was unsinnig ist; sie meinten, dass man sie nicht findet, wenn man sie sucht. Man kann nur *annehmen*, dass es Unwissenheit gibt, und es ist diese eine Annahme, die sie erschafft. Aber wenn du danach suchst, gibt es sowas nicht.

- *Ich kreise das ein. Warum existieren diese Vermutungen?*

Stelle dir selbst diese Frage. Frage nicht mich. Frage dich selbst, „Warum hänge ich an diesen Vermutungen?" Da gibt es keinen guten Grund. Das habe ich dir schon gesagt; es gibt keinen guten Grund dafür. Weil es keinen Beweis gibt und es keinen gültigen Grund dafür gibt, sie zu behalten, wundere ich mich, dass du daran festhältst. Darum gebe ich dir die Frage zurück.

- *Trotzdem geschieht es, es geschieht.*

Es geschieht gerade jetzt! Irgendwie holst du es wieder und wieder hervor. Genau dieser Prozess, es wieder und wieder hochzubringen, ist das Manöver, das du benutzt, um vor dem Jetzt zu fliehen - siehst du, was ich meine? Kehre einfach zum Jetzt zurück und frage, „Gibt es so ein Ding, gerade jetzt, wie Unwissenheit? Oder bringe ich die Vergangenheit her und vergangene Erfahrungen?" Und erinnere dich, dass vergangene Erfahrung nicht real ist. Die wahre Frage ist, „Gibt es Unwissenheit jetzt?"

- *Nein, jetzt nicht.*

Also bleibe dabei.

- *Aber von da aus gibt es gar keine Fragen mehr.*

Ich bitte nicht um Fragen! Ich entziehe mich ihnen nicht, aber ich brauche sie nicht, um glücklich zu sein.

- *Aber das meiste von dem, was wir heute Abend tun, kommt aus diesen Vermutungen.*

Ja, natürlich.

- *Und es scheint mir, dass sich manchmal Bewusstsein, was die Quelle ist, entscheidet, die Vermutungen anzustellen und die Fragen zu stellen, die daraus folgen. Warum? Was hat das zu bedeuten?*

Ich beklage mich nicht über deine Fragen, es sind gute Fragen, ich mag sie. Aber meine Antworten sind auch gute Antworten!

4 Unsterblich

- *Manchmal höre ich auf die Vernunft und manchmal werde ich von meinen Gefühlen geleitet, aber nie fühlt sich das wirklich befriedigend an. Wie kann ich einen Status erreichen, in dem ich weiß, dass ich das Richtige tue?*

Wenn es keine Befriedigung gibt, ist es deswegen, weil „ich als Person" anwesend bin. Mein Festhalten an dem Glauben, dass diese Person das ist, was ich wirklich bin, hat die Wirkung, die Situation in zwei Kategorien einzuteilen: das, was in meinem Interesse ist und das, was gegen mein Interesse ist. Von diesem Standpunkt aus gibt es immer Konflikte, weil gegensätzliche Interessen nie unter einen Hut gebracht werden können. Eine Entscheidung, die dem „Ich" dient, wird das „Nicht-Ich" benachteiligen. Eine, die das „Nicht-Ich" bevorteilt, wird sich als Verlust für das „Ich" anfühlen. Folglich wird jede Entscheidung, die aus der fiktiven Trennung zwischen „Ich" und „Nicht-Ich" getroffen wird, keine Befriedigung bringen.

Eine Entscheidung, die vom Bewusstsein der Wahrheit geprägt ist, ist ganz anders. Es ist eine faire Entscheidung, die sich aus der Totalität der Situation ergibt, wo wir versuchen, das Allgemeinwohl zu finden und ihm zu dienen.

Wenn du mich fragst, wie man das macht, müssen wir vor allem die richtige Absicht haben. Wenn wir nicht versuchen, fair zu sein, werden wir nie fair sein, und wir werden an den Konsequenzen unserer unfairen Taten leiden.

Angenommen, wir haben die richtige Absicht, wie gehen wir von dort aus weiter? Beobachte die Situation in ihrer

Ganzheit. Gib *dieser* Situation keine sich wiederholende Antwort, die aus vergangenen Situationen kommt. Jede Situation ist neu und jede Lösung muss maßgeschneidert sein und den Tatsachen erlauben, für sich selbst zu sprechen. Betrachte und untersuche die Situation aus dem Blickpunkt der Unpersönlichkeit, was bedeutet, mit Gottes Augen zu schauen und fair zu allen beteiligten Parteien zu sein.

Mehr noch, ziehe keine voreiligen Schlüsse und lege keine fertige Antwort fest, wenn die perfekte Antwort erst noch auftauchen muss. Wenn eine schnelle Antwort gebraucht wird, wird das Bedürfnis für ein schnelles Handeln offensichtlich sein, aber in den meisten Fällen füttern wir, wenn wir hetzen, nur ein Ego, das sich mit der Idee unwohl fühlt, dass es die Situation nicht versteht und nicht weiß, was es tun soll. Gewöhnlich kann keine angemessene Lösung erreicht werden, bevor ein äußerst wichtiges fehlendes Element entdeckt wird, und alles an seinen Platz fällt. Dann können wir darauf vertrauen, dass wir die Situation verstehen und dass wir richtig handeln.

Schließlich sollten wir die Übereinstimmung zwischen unserem Herz und unserem Verstand suchen und versuchen den Weg zu finden, der beides befriedigt: unsere Intelligenz und unser Gefühl der Liebe. Wenn unsere Vernunft uns sagt, nach links zu gehen, und unsere Gefühle uns sagen, nach rechts zu gehen, können wir mit Problemen rechnen. Wir sollten bereit sein, die Situation ein zweites Mal anzuschauen - tatsächlich so oft wie nötig - bis Herz und Verstand übereinstimmen. Wenn diese Übereinstimmung noch nicht erreicht wurde, folge deinem Herzen, aber wisse, dass das gefährlich ist.

- *Du hast von einer Spaltung zwischen dem „Ich" und dem „Nicht-Ich" gesprochen. Ist das die Spaltung von Logik und Emotionen?*

Nein. Dieses Gefühl von Trennung zwischen dem „Ich" und dem „Nicht-Ich" kommt aus der Überzeugung, dass ich eine Person bin. Wenn du diese Überzeugung untersuchst, dann wirst du einen emotionalen Inhalt und einen konzeptuellen Inhalt finden. Beide stören die Situation und erschaffen Trennung und Zwietracht und verhindern das Auftauchen von Entscheidungen, die aus Wahrheit, Liebe und Schönheit kommen und dahin führen.

Wenn wir die richtige Lösung finden, wissen wir es irgendwie. Es fühlt sich richtig an. Es ist ähnlich wie das Finden des letzten Puzzleteils, es passt nicht nur auf einer Seite, es passt an allen Seiten und wir wissen, dass es richtig ist.

- *Es ist dieses Gefühl von Gewissheit, das mir fehlt.*

Hast du nie erfahren, dass du im Verlauf deines täglichen Lebens das Richtige getan hast? Komm schon.

- *Also, ich muss wirklich sagen, dass sich fast jede Entscheidung, die ich treffe, unbefriedigend anfühlt. Ich frage mich immer, „Wie wäre das ausgegangen, wenn ich einen anderen Weg genommen hätte?"*

Es ist gut vorstellbar, dass das Ego frustriert ist, wenn du die richtige Entscheidung triffst. Also mach dir keine Sorgen über das beunruhigte Ego. Lass es zappeln und schreien. Versuche es nicht zu beruhigen.

- *Also macht eine richtige Entscheidung das Ego nicht zwangsläufig glücklich?*

Gewöhnlich nicht, aber letzten Endes ist die Belohnung süß und wir sind enorm glücklich darüber, dass wir den richtigen Weg gewählt haben. In der Rückschau gibt uns das Leben sein Siegel der Anerkennung. Wir erkennen die Hindernisse, die uns begegnet wären, wenn wir den falschen Weg eingeschlagen hätten.

In der Weisheit gibt es zwei Teile: den offensichtlichen und den versteckten. Wenn unsere Entscheidung aus dieser unpersönlichen Quelle kommt, sehen wir im besten Fall sofort, warum sie das Beste für alle ist, einschließlich für uns selbst. Wir erkennen, dass unser wahres Glück nicht in unserem privaten Vorteil liegt, sondern in unserem gemeinsamen Wohlergehen. Aber selbst wenn wir aus der unpersönlichen Quelle heraus handeln, gibt es Fälle, bei denen die Situation teilweise immer noch verborgen für uns bleibt. Wir wertschätzen nicht sofort den Nutzen unseres richtigen Handelns. Erst später enthüllt sich das ganze Bild, und aus diesem umfassenden Blickpunkt sind wir in der Lage zu erkennen, welches Leid wir vermieden haben.

- *Immer, wenn ich den Beginn eines Wandels in meinem Leben bemerke, ziehe ich den Kopf ein, gerate in Panik. Aber immer, wenn der Wandel geschehen ist, war das Ergebnis sehr nützlich, darum weiß ich, dass dieser Panik-Reflex unbegründet ist. Aber der Panikausbruch geschieht immer noch.*

Es ist wunderbar, dass du dir dieser Gewohnheit bewusst bist. Das bedeutet, dass es dir möglich ist, sie dem Bewusstsein zu übergeben und Bewusstsein sich ihrer annehmen kann.

Wenn wir tief in die Quelle eingetaucht sind, werden diese Reaktionen gedämpft. Wenn wir zum Beispiel in tiefer Meditation sind und es einen unerwarteten Lärm draußen gibt, haben wir das Gefühl, dass er von uns kommt, und er wird integriert ohne Reaktion. Wenn die Meditation nicht so tief ist, werden wir eine Reaktion im Körper spüren. Ich spreche nicht von einer nachträglichen intellektuellen Erklärung; es geschieht auf einer Erfahrungsebene.

Du fühlst, dass *du* es bist und nicht ein äußeres Geschehen.

Also ist die Antwort auf diese Nicht-Frage, immer tiefer in die Quelle einzutauchen. In jedem Fall macht es nichts, wenn solche Reaktionen geschehen, es ist keine große Sache. Es bedeutet nicht, dass man nicht erleuchtet oder nicht spirituell ist. Es geschieht einfach nur. Manchmal scheinen kleine Dinge diese Art Reaktionen auszulösen, während uns große Ereignisse unberührt lassen.

- *Absolut! Irgendwie waren große Dinge nie das Problem. Darum ist der Einfluss von kleinen Dingen so erstaunlich.*

Mein Lehrer pflegte mir zu sagen, dass Reaktionen nicht mehr geschehen würden, wenn jemand sehr fortgeschritten im Meditieren ist. Aber eines Tage geschah eine überraschende Sache. Mein Lehrer war sehr vornehm und zuvorkommend in seinem Benehmen - er gebrauchte zum Beispiel nie grobe Worte. Eines Tages fütterte er gerade den Goldfisch im Brunnen in seinem Garten, und er fiel in den Brunnen und schlug sich das Schienbein an der Steinkante auf. Und er sagte, auf Französisch, „Scheiße!"

Im allgemeinen war mein Lehrer außergewöhnlich unberührt gegenüber seinem eigenen persönlichen Missgeschick, aber es ist nichts falsch daran, manchmal menschliche Schwächen zu zeigen.

***

- *Du sprachst davon, ein Einverständnis zwischen Herz und Kopf anzustreben. Ich könnte mir vorstellen, dass der Kopf es einfach nicht erkennen kann, wenn das höhere Selbst erscheint, weil es jenseits des Kopfes ist.*

Mit „Kopf" bezog ich mich auf die Vernunft, die Intelligenz, nicht auf das Mentale. Wenn wir etwas klar sehen und es verstehen, kommt dieses Verstehen von höherer Stelle, aus dem Bewusstsein. Das ist höheres Denkvermögen.

Auf der anderen Seite kommt nicht alles, was auf der Ebene des Herzens gefühlt wird, von einem höheren Ort. Oft bezieht sich das, was gefühlt wird, auf das Wohlempfinden einer Person. Darum ist es wichtig, dass Herz und Vernunft in Übereinstimmung sind. Wenn nur der Verstand beteiligt ist, ist die Erfahrung zu trocken; wenn nur das Herz beteiligt ist, ist sie zu feucht. Man braucht eine gute Balance.

- *Ich kann nicht erkennen, wie das mit deiner Beschreibung der Methode übereinstimmt, wonach Entscheidungen nur nach genauer Untersuchung zu treffen sind. Das scheint einen mentalen oder persönlichen Prozess zu beinhalten.*

Du kannst sicherlich eine Situation auf logische Weise untersuchen; das gehört dazu. Wenn eine Situation rein sachlich ist und eine rein sachliche Entscheidung verlangt, benutzt du nur die Vernunft.

- *Und wenn es mehr als eine rein sachliche Angelegenheit ist, ist dann der Prozess eher intuitiv?*

Gut, es muss alles zusammen kommen. Wenn du zum Beispiel ein Haus entwirfst, möchtest du es schön haben, und du willst es auch stabil haben. Also musst du den Mittelweg einschlagen.

- *Ich weiß nicht, ob ich mit der Metapher vom Haus etwas anfangen kann, aber vorhin hast du darüber ge-*

sprochen, die Sichtweise Gottes einzunehmen. Das scheint jenseits des Vermögens des kleinen Verstandes zu liegen.

Der kleine Verstand kann nur die Situation erforschen und dann still an der Schwelle zum Bewusstsein stehen bleiben und darauf warten, dass die Antwort kommt. Diese Antwort könnte ein intellektuelles Verstehen sein. Aber idealerweise gibt es eine Dimension von Liebe und eine Dimension von Schönheit, mit der Überzeugung, dass dies wirklich die Antwort ist.

***

- Neulich sagtest du, dass wir es lieben, ein persönliches Selbst zu sein. Warum ist das so?

Es ist ein großes Vergnügen, ein Körper-Mentalgefüge zu sein, hinaus in die Welt zu gehen, einen Lebensunterhalt zu verdienen, Kinder zu haben, mächtig zu werden. Der Wunsch erscheint, diese Reise zu machen und dieses Abenteuer zu erfahren. Wir als Bewusstsein, handelnd aus unserer Freiheit heraus, wollen das so. Und irgendwann erkennen wir, dass es nicht so viel Spaß macht, wie wir uns das vorgestellt haben, und wir hören damit auf. Das ist das Ende der Geschichte.

Diese Erforschung der Unwissenheit ist das Gleiche wie unser Verhalten im Kleinen. Wir neigen dazu, ein Objekt so lange zu untersuchen, bis wir daran ermüden und allen Saft daraus gesaugt haben. Wir können Babies dabei beobachten; es ist ihr natürliches Verhalten. Der Unterschied zwischen der Erforschung von alltäglichen Objekten und der Erforschung von Unwissenheit ist, dass das Letztere eine längere Erforschung benötigt, weil das Ego ein wundervolles, komplexes und faszinierendes Spielzeug ist.

- *Also sagst du, dass Bewusstsein durch die Person, durch Unwissenheit, Freude hat. Ich kann erkennen, was du meinst und ich stimme zu, dass es Spaß machen kann. Aber wenn ich über die Extreme der Ego-Aktivitäten nachdenke, wie Völkermord als ethnische Säuberung, finde ich es sehr schwer zu akzeptieren, dass es alles einfach ein Spiel des Bewusstseins ist.*

Dann nenne es nicht „play" (= Spiel), sondern „display" (= Zurschaustellung).

- *Selbst wenn ich es eine „Zurschaustellung" nenne, dann will das Mentale nur gewisse Aspekte von dem sehen, was geschieht. Ich kann einsehen, dass es sich uns anders darstellt, wenn man die Totalität betrachtet, aber wenn ich unschuldige Menschen sehe, die zu Tausenden ermordet werden, falle ich einfach nur in ein Loch.*

Was ist der Unterschied zwischen dem und einem Erdbeben?

- *Ein Erdbeben ist ein natürliches Geschehen, während Massenmord...*

Das ist auch Milosevic. Er ist nicht aus Plastik gemacht. Milosevic ist ein natürliches Geschehen.

- *Aber in einem Krieg ist es das Aneinander-Geraten von Egos, das den Schaden anrichtet: „Dieses ist mein Land gegen dein Land, also töte ich dich." Das ist schwer zu akzeptieren für das Mentale, wenn ich das sagen darf.*

Es ist schwierig zu akzeptieren für intelligente Leute, aber Intelligente müssen akzeptieren, dass nicht jeder intelligent ist. Du möchtest eine Welt, in der jedermann intelligent ist, aber dann möchtest du auch eine Welt ohne

Moskitos, ohne Viren, nur mit wunderschönen Blumen, eine Welt, in der die Temperatur auf 25 Grad Celsius festgelegt ist und niemals Schnee fällt.

- *Ich würde nicht wollen, dass die Skifahrer etwas vermissen.*

Aha! Siehst du, nichts ist perfekt! Es geht nicht darum, dass ich deinen Standpunkt nicht verstünde. Lass uns nur sagen, dass Völkermord und ethnische Säuberung der Vernunft widersprechen.

Milosevic ist kein intelligenter Mann. Hitler war nicht intelligent, in der Weise, wie wir hier das Wort intelligent benutzen. Außerdem hatten sie keine Verbindung zu ihrem Herzen. Also was wir in ihnen sehen, sind Beispiele für das, was geschieht, wenn wir diese Faszination, eine Person zu sein, zu lange da sein lassen und ihr erlauben, dass sie unsere Vernunft und unser Herz außer Gefecht setzt. Es gibt uns ein Beispiel dafür, was wir nicht tun sollten.

- *Aus der Sicht der Menschheit als Ganzes wird diese Lektion nicht gelernt. Wir machen immer wieder das Gleiche.*

Auf der Ebene der Menschheit als ein Ganzes ist es ein langer Prozess der Evolution. Lass uns das Beste hoffen. Warum uns an die Vergangenheit ketten?

***

- *Es leuchtet mir ein, dass Hitler zum Beispiel, die speziellen Gedanken und Gefühle, die ihn zu seinem Handeln veranlasst haben, nicht gewählt hat.*

Als Person traf er diese Entscheidung nicht.

- *Ja, und wenn ich es auf meinen Fall beziehe, oder vielleicht sollten wir sagen, auf diesen Fall, gibt es keine Kontrolle über die Gedanken und Gefühle, die aufkommen. Und wenn wir diesen Zugang nutzen, gibt es keine Kontrolle über die Intensität dieser Suche. Es gibt keine Kontrolle darüber, wann, wenn überhaupt jemals, ein gewisser Vorhang gelüftet wird. Es gibt keine Kontrolle darüber, welches Maß an Engagement für diese Suche eingebracht wird. Ich bin nicht ganz sicher, wohin das führt. Wenn es keine Kontrolle gibt, gibt es nichts...*

...worüber man sich Sorgen machen kann.

- *Auf der anderen Seite sagtest du einmal, dass wir, obwohl das Ego strampelt und schreit, manchmal eine Entscheidung treffen, für das höhere Allgemeinwohl zu handeln. Das scheint zu bedeuten, dass wir doch irgendeine Wahl haben.*

Ja, aber wenn wir diese Wahl treffen, dann treffen wir sie als Intelligenz, als Bewusstsein, nicht als eine Person. Das ist die erleuchtete Wahl, und die erleuchtete Wahl kommt nie von der Person.

Mehr noch - eine erleuchtete Wahl verurteilt nie eine Person, weil das eine Person erschaffen würde, wo keine Person existiert. Wenn wir eine Person verurteilen, bedeutet das, dass wir unsere Intelligenz und unser Verständnis übergangen haben. Darum hat Ramana Maharshi nie irgendetwas Schlechtes über jemand gesagt. Ein Mörder kam zum Ashram, und den einzigen Kommentar, den Ramana machte, war, dass er sehr sauber sei, weil er sich gewöhnlich mehrmals am Tag wusch. Er sagte etwas Positives über den Typ.

- *Unter den Leuten hier in diesem Raum gibt es eine enorme Großzügigkeit.*

Ja, es sind intelligente Leute.

- *Dagegen liegt meine Selbstsucht ganz klar auf der Hand. Aber manchmal passiert es mir plötzlich, dass ich mein Verhalten ändere und ich erkenne, dass es Vorteile bringt, die ich nicht erwartet hatte. Und es fühlt sich so an, als hätte ich eine Wahl.*

Ja, noch mal, das ist eine Wahl, die von unserer Intelligenz kommt. Wenn wir eine Wahl aus Liebe oder Verständnis treffen, ist es nie die Person, die wählt, weil die Person nie liebt und nie versteht. Es ist wichtig zu wissen was passiert, wenn wir einen spontanen Gedanken haben, wenn wir ein Gefühl haben, das aus der Liebe kommt, wenn wir einen Wunsch haben, der in Richtung Schönheit geht. Wir müssen in der Lage sein zu erkennen, dass das alles von höherer Stelle in uns kommt, sonst werden wir das, was das Beste in uns ist, auf die gleiche Basis stellen wie das, was aus der Vergangenheit kommt. Die Übung der Unterscheidung ist genau dies: die Fähigkeit zu erkennen, was aus der Freiheit kommt, aus einer höheren Quelle.

Wir sollten eine hohe Einschätzung von uns haben, nicht von uns selbst als Person, sondern von unserem höheren Selbst. Wir sollten großen Respekt für Liebe und Intelligenz und Schönheit haben, so wie sich diese durch uns manifestieren.

Das ist unsere natürliche Würde im Unterschied zur erworbenen Würde.

- *Also ist die natürliche Würde das höhere Selbst, das reines Bewusstsein ist.*

Ja, es ist eine Qualität, die in Menschen erscheint, die mit ihrem höheren Selbst in Verbindung sind. Es ist eine Mischung aus höchster Demut und einer großen natürlichen

Würde. Die Demut kommt von der kompletten Abwesenheit einer Person, und die Würde hat zwei Quellen: erstens gibt es die Fähigkeit, diese höhere Quelle zu erkennen und die Fähigkeit, die Entscheidungen oder Intuitionen zu erkennen, die daraus kommen; und zweitens ist da eine Fähigkeit, sich für diese höhere Quelle einzusetzen, ihr zu dienen, dafür zu kämpfen, im bestmöglichen Sinne dieses Wortes.

- *Schließt das nicht Wahlmöglichkeit mit ein?*

Hier gibt es eine Wahl. Immer wenn etwas aus der Freiheit kommt, gibt es eine Wahl. Wir können die Freiheit einfordern oder das Gegenteil. Als Bewusstsein können wir den Pfad der Unwissenheit oder den Pfad der Wahrheit wählen. Das ist unsere angeborene Freiheit. Aber wenn wir einmal unwissend sind, haben wir unsere Freiheit für solange verloren, wie wir uns weiterhin mit dem Körper-Mentalgefüge identifizieren.

- *Es scheint, dass es im Laufe eines Tages Millionen Momente gibt, in denen man in die eine oder in die andere Richtung gehen kann.*

Ja. Der Pfad des Handelns, der in Indien als Karma Yoga bekannt ist, ist der Pfad, auf dem du so gut du kannst die unpersönliche Handlung wählst, jedesmal, wenn es Alternativen gibt. Und das wird in dem Moment möglich, wenn du nicht persönlich mit dem Ergebnis der Handlung verhaftet bist.

- *Oder - wenn es persönliche Verhaftung gibt, lässt du sie strampeln und schreien?*

Ja, du lässt einfach deine Ängste und Wünsche unerfüllt, strampelnd und schreiend in ihrem Zimmer, mit ihren Spielzeugen. Gehorche nicht ihren Befehlen.

- *Wir hören oft den Ausdruck, „Er ist eine gute Person." Lässt sich schließen, dass es dann keine Person gibt, wenn wir die Dinge aus der Sichtweise anschauen, die du beschreibst?*

Wenn du sagst, „Er ist eine gute Person" meinst du in Wahrheit „Da ist keine Person."

- *Ok, schon gut, da ist keine Person. Aber in unserer Umgangssprache sagen wir Dinge wie, „Er ist eine gute Person, er gibt Geld an Wohlfahrtseinrichtungen, und er verhält sich auf andere bewundernswerte Weise." Ist diese Art von Verhalten Ego-getrieben?*

Das kommt darauf an. Ich müsste diese Person kennen, um zu sagen, ob da eine Person ist, oder ob das Geben von niemandem getan wurde.

- *Aber das wahre Gute, oder die höhere Qualität des Guten kommt nur aus der Quelle, richtig?*

Ja. Wenn ich etwas für Wohltätigkeitseinrichtungen gebe, um in die Position des Bürgermeisters gewählt zu werden, gebe ich nicht wirklich. Aber wenn ich ausschließlich aus wahrem Mitgefühl gebe, ist das anders. Dann ist es unpersönlich.

***

- *Du sagtest etwas, was mich unsicher macht: dass Bewusstsein Freiheit hat, aber dass das Individuum nur fälschlicherweise annimmt, dass es frei ist.*

Das Gefühl unserer Freiheit ist ein wahres Gefühl; es ist das Gefühl unserer wahren Natur. Darum können wir es nicht leugnen. Wenn uns jemand sagt, dass es keinen freien Willen gibt, werden wir verwirrt. Und es ist verwirrend, weil wir ein tiefes Gefühl von Freiheit haben, wir haben das innere Gefühl, dass wir wählen. Auch haben wir ein inneres Gefühl, dass wir denken. Es scheint offensichtlich zu sein, dass unsere Gedanken unsere sind und wir sie erschaffen. Und das alles ist wahr. Aus der Sicht des unpersönlichen Bewusstseins haben wir die Freiheit und wir sind das, aus dem die Gedanken aufkommen. Also ist dieses Gefühl legitim, aber nur aus der Sicht des Bewusstseins, des reinen Bewusstseins. Wenn wir Bewusstsein begrenzen zu einem Körper-Mentalgefüge, verliert dieses Gefühl seine Rechtmäßigkeit und ist falsch.

- *Bedeutet das, dass wir jedesmal, wenn wir eine wirklich selbstlose Wahl treffen, aus dem höheren Selbst handeln?*

Ja.

- *Das scheint wunderbar einfach.*

***

- *Francis, es ist manchmal schwer zu wissen, ob eine Entscheidung aus Bewusstsein oder aus Unwissenheit kommt. Vielleicht ist es nur mein Problem, aber manchmal finde ich es schwierig zu erkennen, woher es kommt. Wie kannst du das erklären?*

Die grundsätzliche Antwort ist, „Wenn kein Glauben an eine persönliche Wesenheit an der Entscheidung beteiligt ist, weder als ein Konzept noch als ein Gefühl, wenn es nicht wegen mir als persönlichem Bewusstsein getan wird, und wenn das, was ich suche, nicht zu meinem persönlichen Vorteil, sondern für das Allgemeinwohl ist, dann kommt die Entscheidung vom Bewusstsein und nicht vom Ego."
Natürlich werde ich als Körper-Mentalgefüge am Ende profitieren, aber ich weiß das vorher nicht.

***

- *Kann eine richtige Entscheidung jemals aus der Unwissenheit entstehen oder ist das ein Widerspruch in sich?*

Eine Entscheidung, die aus der Unwissenheit entsteht, ist eine Verlängerung der Vergangenheit. Sie ist die Fortsetzung eines vergangenen Gedankens. Sie ist die Fortsetzung eines Fehlers, und aus diesem Grund ist sie nicht legitim. Früher oder später wird der Bluff auffliegen, und es wird ein Preis dafür zu zahlen sein. Je später man Farbe bekennt desto höher ist der Preis.

- *Also betrachten wir den Fall, den ich vorhin vorbrachte, wo jemand eine Spende für eine Wohltätigkeitseinrichtung gibt und das Ego dabei beteiligt ist. Viele Menschen profitieren von dieser Aktion, trotz der Ego - Motivation des Spenders.*

Ja, viele Leute werden von der Spende einen Nutzen haben, aber der Spender wird überhaupt keinen Vorteil davon haben.

***

- *Vor einiger Zeit hast du über Taten gesprochen, die großes Leid verursacht haben, tausende Menschen wurden getötet. Aus der Perspektive einer getrennten Person ist das sicherlich ein Problem, aber ist es auch ein Problem aus der Perspektive des reinen Bewusstseins?*

Wir müssen praktisch sein: Wenn es etwas gibt, das wir in dieser Situation tun können, dann werden wir es tun. Aber wir müssen uns klar sein, dass unsere Mission nicht darin liegt, die Welt zu retten. Die Welt ist groß und wir sind kleine und schwache Menschen. Unsere Mission ist, wahres Glück zu entdecken, und dann, wenn wir das entdeckt haben, es überfließen und sich dem Rest der Welt mitteilen zu lassen, in einer ganz natürlichen Art und Weise.

Wir müssen erkennen, dass die Chance, wirklich etwas Gutes zu tun, verschwindend klein ist, wenn wir aus Arroganz oder Größenwahn handeln, obwohl wir vielleicht gerne von uns denken, dass wir damit versuchen, die Welt zu retten. Die Geschichte der Welt ist voll von Tyrannen, die gedacht haben, sie würden die Welt retten. Napoleon, Stalin, Lenin und Hitler, die keine Verbindung zu dem hatten, was wir hier mit Intelligenz meinen, glaubten aufrichtig, dass sie der Welt etwas geben.

Aus der Perspektive der höheren Vernunft fühle ich, dass diejenigen, die der Welt am meisten gegeben haben, die großen Weisen und die großen Künstler waren, und nicht diejenigen, die sich als Weltretter mit einer Mission fühlten. Es gab Menschen, die zu ihren Lebzeiten nicht weithin bekannt waren, die trotzdem einen großen Einfluss auf das Gute hatten. Es gibt weit mehr, deren Namen nicht in historischen Aufzeichnungen zu finden sind. Obwohl sie vergessen wurden, erreichen uns immer noch die Intelligenz und die Liebe, die sie in die Welt entlassen haben.

Unser wahres Geschenk an die Welt ist, eine Quelle der Liebe und Klarheit zu sein und zu erkennen, dass man sich selbst innig kennen muss, um diese Quelle zu sein. Dies scheint kein effizienter Zugang zu sein, aber es ist tatsächlich der effizienteste.

- *Ich will wirklich wissen, ob es eine Sichtweise gibt, aus der die Welt so ist, wie sie sein sollte?*

Ja. Sie ist in jedem Moment so wie sie sein sollte. Das bedeutet nicht - aus der Sicht der Intelligenz, von der wir hier sprechen -, dass wir keinen Anreiz haben, etwas zu tun, um sie besser zu machen. Und wenn solche Zeichen auf uns zukommen, dann müssen wir unserer Intuition folgen. Ich predige nicht Passivität.

- *Aber ist es wirklich der Fall, dass die Welt so ist wie sie sein sollte?*

Ja, absolut. Richtiges Handeln in der Welt hat zwei Aspekte. Auf der einen Seite gibt es das Grundgefühl, „Es ist nicht wirklich wichtig; das Ergebnis ist nebensächlich. Diese Handlung nutzt einfach nur Schönheit oder Gerechtigkeit oder Liebe oder Wahrheit." Auf der anderen Seite sind wir vollkommen involviert in die Handlung, so beteiligt, dass Angst in keiner Weise Fuß fassen kann. Und diese Art totales und angstloses Engagement gibt der Handlung die Kraft, die sie so effektiv wie irgend möglich macht, entsprechend den Umständen.

Manchmal gibt es Handlungen, die auf lange Sicht außergewöhnlichen Segen bewirken, den wir wahrscheinlich nicht vorhersehen konnten, obwohl wir die Handlung in dem Moment als Fehler betrachteten. Im Gegenteil kann es passieren, dass Handlungen, die aus Unwissenheit geschehen, und die nicht aus der Quelle kommen, sofortige Erfolge haben, die uns sagen, dass wir erfolgreich waren; erst später erkennen wir, dass unsere Handlungen mehr Leiden als Glück gebracht haben.

- *Ich versuche immer noch zu sehen, wie Töten in eine Situation passt über die du sagen könntest, es ist genau so, wie es sein sollte.*

Was das Töten angeht, gibt es etwas, das wir alle für uns selbst herausfinden sollten. Bemerke, was in unserer Beurteilung über Töten in dem Moment vor sich geht, wenn wir verstehen, dass da niemand tötet und es darum keinen Mörder gibt; dass der Tod ein natürliches Phänomen ist; und, am wichtigsten, dass wir unsterblich sind.

Diese Diskussion ist eine neue Version der Bhagavad Gita. Sie ist die modernisierte Gita. Alle Kämpfer auf dem Schlachtfeld, bereit, in die Schlacht zu gehen, waren schon tot. Sie konnten nicht getötet werden, sie waren schon tot. „Das, was ist, vergeht nie; das, was nicht ist, kommt nie ins Sein."

5 Lass den Moment fließen

- Wie ich gesehen habe, wird das Wort Präsenz auf viele verschiedene Weisen definiert: manchmal als ein Aspekt des Bewusstseins und manchmal als das momentane Gewahrsein dessen, was ist. Ein andermal scheint es etwas zu sein, das man fast messen oder bestimmen kann - was mir ziemlich absurd erscheint. Also was ist die Francis'sche Definition von Präsenz?

Ich benutze dieses Wort als Synonym von Bewusstsein. Lass uns „present" - Gegenwart - von „presence" - Präsenz, Gegenwärtigkeit - unterscheiden. Der gegenwärtige Moment entkommt uns immer; wir können ihn nie fangen. Es ist ein Konzept: ein Null-Länge-Zeitintervall zwischen Vergangenheit und Zukunft. Diese drei Aspekte von Zeit - Vergangenheit, Gegenwart und Zukunft - erscheinen in der Gegenwärtigkeit.

- Gleichzeitig?

Nein. Eigentlich ist da keine Zeit. Zeit ist künstlich erzeugt durch Erinnerung. Aber zuerst ein Wort über Gleichzeitigkeit.

In unserer realen Erfahrung ist immer Non-Dualität. Das bedeutet, dass es nie zwei Ereignisse geben kann. Wenn wir der Zeuge von zwei Ereignissen sind, von denen behauptet wird, dass sie simultan sind, müssen diese beiden Ereignisse zu einem einzigen verschmelzen, das eins wird mit Bewusstsein, mit Gegenwärtigkeit, mit Präsenz. Das könnte man „wirkliche Gleichzeitigkeit" nennen, oder „erfahrene Gleichzeitigkeit". „Konzeptuelle Gleichzeitigkeit" dagegen ist keine Erfahrung und ist nicht wirklich. Sie erscheint nach dem Geschehnis und ist eine Neuschreibung der Geschichte.

Ich könnte zum Beispiel sagen, „Während ich in Kalifornien mein Abendbrot gegessen habe, hast du in Kanada schon geschlafen." Mein Abendessen in Kalifornien und dein Schlafen in Kanada werden als „simultan" angesehen, durch ein Konzept dessen, was in der Vergangenheit geschehen ist. Man könnte auch feststellen, dass „Nacheinander" sogar noch viel konzeptioneller ist.

Es ist sehr schwer für das Mentale, Nichtzeitlichkeit oder Zeitlosigkeit zu verstehen, weil das Mentale durch Gedanken in der Zeit arbeitet. Vom Standpunkt der Zeit aus ist es sehr schwer, das zu verstehen, was zeitlos ist. Es ist am besten durch die Metapher eines Nachttraums zu verstehen. Ich kann verstehen, dass, während ich in der Nacht träume, eine bestimmte Zeitspanne vergeht, zum Beispiel zwei Jahre, aber wenn ich aufwache, realisiere ich, dass der ganze Traum nur ein paar Momente dauerte. Das hilft mir, die Illusion von Zeit zu verstehen, weil ich, wenn ich aufwache, sehen kann, dass die Zeit im Traum illusorisch war.

Gewöhnlich nehmen wir an, dass die Zeit im Traum, diese zwei Jahre, eine Illusion ist, aber dass die Zeit, in der der Traum stattfand, die wenigen Momente, keine Illusion ist. Aber tatsächlich ist die Beziehung zwischen Zeitlosigkeit und Zeit im Wachzustand die gleiche, wie die Beziehung zwischen Zeit im Wachzustand und Zeit während eines Nachttraums.

Um Zeitlosigkeit zu verstehen, ersetze die wenigen Momente, in denen der Traum stattfand, mit Gegenwärtigkeit oder Zeitlosigkeit, und ersetze die zwei Jahre, die in dem Nachttraum vergingen, mit irgendeiner Erfahrung, die in Zeit und Raum des Wachtraums geschehen ist. Mit anderen Worten, jedes Mal, wenn wir in die Präsenz zurückgehen, gehen wir zurück zu etwas, das zeitlos ist. Wir gehen zurück zu etwas, das die Illusion von Zeit erschafft, aber das selbst außerhalb von Zeit ist. Es ist zwar etwas, von wo aus die scheinbare Bewegung der Zeit beobachtet werden kann, aber es selbst bewegt sich nicht mit der Zeit. Das ist eine andere Dimension, genauso wie der Wachtraum zu einer Dimension gehört, die unterschiedlich von der des Nachttraumes ist.

Der große Unterschied zwischen dem Wachtraum und dem Nachttraum ist der, dass im Nachttraum nur ein Mentales involviert ist, das Mentale, das den Traum erschafft. Obwohl ich im Nachttraum mit anderen Menschen interagiere, habe ich zu nur einem „mind" Zugang. Aber der Wachtraum ist ein multi-minded Traum. Als Bewusstsein haben wir Zugang zu allen Mentalen, aber als Bewusstsein wählen wir, uns dessen nicht bewusst zu sein, was in anderen Mentalen vor sich geht, um die Erfahrungen von *diesem* einen Mentalen vollkommen zu genießen. Und wenn du darüber nachdenkst, ist es genau das, was während eines Nachttraums stattfindet. In einem Nachttraum können wir von einem unerwarteten Wechsel der Ereignisse überrascht werden, aber Tatsache ist, dass wir diese Ereignisse im Mentalen erschaffen. Zum Beispiel kann es geschehen, dass in einem Nachttraum eine Tür plötzlich aufgeht, ein neuer Spieler eintritt, und ich einen Schock bekomme. Aber ich habe das erschaffen, in meinem Mentalen! Also warum bin ich überrascht und möglicherweise sogar beängstigt? Das ist deshalb so, weil ich vergessen habe, dass ich das erschaffe.

Der spirituelle Wert eines Nachttraumes ist, dass er uns ermöglicht zu verstehen, was Illusion ist. Ich sage nicht, dass dieser Wachtraum das gleiche ist wie ein Nachttraum; offensichtlich ist er das nicht. Aber ich gebe hier eine ganz grundsätzliche Feststellung: dass dieses Bewusstsein, dieses normale Bewusstsein, das diese Worte hört, jenseits von Zeit ist.

Rückblickend wirst du erkennen, dass dies mit dem gesunden Menschenverstand übereinstimmt. Betrachte die innerste Essenz des Universums, von wo aus alles gemacht ist. Jetzt betrachte das Phänomen des Mentalen. Das Mentale ist verbunden mit dem Universum; das Mentale ist ein Phänomen, das im Universum erscheint. Also macht es Sinn, dass die Essenz des Mentalen das Gleiche ist, wie die Essenz dieses Universums.

Vom Standpunkt der Physik aus wird es allgemein akzeptiert, dass die Wirklichkeit hinter diesem Universum zeitlos ist, aber wir tun uns schwer zu akzeptieren, dass die Wirklichkeit, die hinter *diesem* Mentalen ist, zeitlos ist. Es sollte wirklich nicht so schwer sein. Da das Mentale Teil des Universums ist, muss die Realität, die hinter diesem Mentalen ist, dieselbe sein wie die, die hinter diesem Universum steht.

Durch Bewusstsein haben wir direkten Zugang zu dem, was von den Physikern und den Biologen verzweifelt gesucht wird. Ihre Anstrengungen sind fruchtlos, weil sie in der Außenwelt danach suchen. Kürzlich hat ein Freund von mir bemerkt, dass das zentrale Anliegen der Wissenschaft für immer außer Reichweite bleibt, welche Wissenschaft wir auch betrachten. Biologen wissen nicht genau, was Leben ist. Physiker wissen nicht, was Materie ist. Philosophen finden nie heraus, was Wahrheit ist. Das, nach dem sie Ausschau halten, existiert im tiefsten Kern ihres Seins und kann da nicht gefunden werden, wo sie suchen – im Außen.

- *Wenn das also so ist, machen dann ihre Anstrengungen in irgendeiner Weise Sinn?*

Oh ja, es macht großen Spaß. Wissenschaft ist eine Kunstform, und sie ist auch nützlich. Auf der relativen Ebene ist sie sehr interessant.

***

- *Du sagtest, dass Bewusstsein im Wachtraum wählt, zu vergessen, dass es Zugang zu allen Mentalen hat. Also wenn ich Bewusstsein bin und universell bin und alles durchdringe, warum hängt Bewusstsein dann an einem Körper-Mentalgefüge fest, wenn ich am Morgen aufwache? Warum ist das so?*

Das scheint der Fall zu sein, genauso wie dein Verstand während eines Nachttraums scheinbar an einen spezifischen Körper gebunden ist und keinen Zugang zu dem Mentalen der anderen Personen im Traum hat. Aber wenn du aufwachst verstehst du, dass dein Mentales hinter jeder Person im Traum gewesen sein muss, weil es dein Mentales war, das den ganzen Traum erschaffen hat. Gleichzeitig, im Fall des Lebens als Traum, erkennst du an einem Punkt, dass dein Bewusstsein hinter all den Objekten im Wachtraum als der Schöpfer, der Erhalter und der Zerstörer dieser Objekte ist.

- *Mir fällt es schwer, das zu verstehen. Was mir realistisch erscheint, ist, dass jeder seine eigenen privaten Gedanken hat, in dem, was du den Wachtraum nennst, in diesem Raum zum Beispiel. Niemand hat Zugang zu den Gedanken von allen.*

Betrachte die Fähigkeit deines Verstandes, im Laufe eines Nachttraums zu vergessen, dass er den ganzen Traum erschafft. Er erschafft die anderen Leute, die wir treffen, und alles, was sich ereignet. Während wir im Nachttraum gefangen sind, scheint alles wirklich zu sein. Wenn wir einen Tiger sehen, haben wir Angst, weil wir nicht wissen, dass wir den Tiger erschaffen. Wenn wir das wüssten, könnten wir unmöglich Angst haben, oder? Das zeigt, dass eine Illusion ziemlich wirklich erscheinen kann, während wir in ihr gefangen sind, obwohl wir, wenn wir ihre illusorische Natur erkennen, verstehen, dass wir es waren, die das alles erschaffen haben. Dies ist die enorme Kraft von Maya, die Fähigkeit, diese Illusion zu erschaffen.

Der Nachttraum wird vom Mentalen erschaffen; der Wachtraum wird von Maya erschaffen.
Er wird vom Bewusstsein in einer spielerischen Weise erschaffen, das macht, dass er total wirklich erscheint. Diese Welt, die so real erscheint, ist ein gut arrangierter Traum.

- *Ich wache nicht jeden Morgen in einem neuen Traum auf, ich wache in einer Fortsetzung des laufenden Dramas auf.*

Oh ja, es gibt einen hohen Grad von Beständigkeit im Wachtraum. Aber wenn du einen Moment nachdenkst, erkennst du, dass es auch im Nachttraum einige Elemente von Beständigkeit gibt. Es gibt viel weniger Beständigkeit, aber er ist immer noch organisiert, es ist nicht nur willkürliches Zeug.

In diesem Traum, der aus Materie gemacht ist, schwingen die Komponenten auf viel niedrigerer Frequenz als das, was im Bereich des Mentalen gilt, und das macht, dass es dauerhafter erscheint.

***

- *Jeden Morgen wachen wir alle aus dem Nachttraum auf. Werden wir auch aus dem Tagtraum aufwachen?*

Wir wachen auf, aber wir sagen, „Aaaah, das ist zu früh, lasst uns weiterschlafen. Lasst uns ein bisschen weiterspielen, lasst uns ein bisschen mehr träumen". Im Wachtraum aus Materie schwingen die Komponenten auf einer viel niedrigeren Frequenz als das, was sich im

Reich des Mentalen während eines Nachttraums ereignet. Dies macht, dass der erstere dauerhafter erscheint.

- *Wenn ich in der Nacht träume, geschieht es selten, dass ich mir bewusst werde, dass ich träume und aufwachen möchte. Aber während des Wachtraums geschieht das schon.*

Erkenne, dass du wach bist, bevor du den Wunsch hast, aufzuwachen, denn sobald du anfängst, Dinge ändern zu wollen, schläfst du wieder ein. Wenn du Dinge anders haben möchtest als sie sind, nimmst du Dinge ernst und gewährst dem Traum Realität. In diesem Moment gehst du zurück in den Schlaf. Also versuche nicht aufzuwachen. Stattdessen verstehe, dass du zu allen Zeiten vollkommen wach bist.

Es ist ein üblicher Fehler zu glauben, dass Dinge anders sind, sobald man ein tiefes Verstehen der Wahrheit hat - dass der Traum verschwindet und durch einen völlig neuen Traum mit einer anderen Geschichte ersetzt wird. Was tatsächlich geschieht, ist, dass dieser Traum weitergeht; die Maya verändert sich nicht. Der Unterschied ist, dass wir nun Maya als Maya erkennen, wir erkennen den Traum als etwas, an dem der Körper und das Mentale beteiligt sind. Der Traum wird zu einem klaren Traum, aber er verschwindet nicht. Menschen denken oft, „Es kann kein tiefes Verstehen der Wahrheit geben, weil der Inhalt des Traums sich nicht verändert hat." Aber der Inhalt des Traums ändert sich *nicht;* alles, was sich verändert, ist, dass wir wissen, dass dies eine Illusion ist, oder mit anderen Worten, dass dies nicht die letzte Realität dessen ist, was wir sind. Dann wird alles spielerisch, weil der Inhalt des Traums in keinem Moment eine Rolle spielt. Oder er spielt nur in der Weise eine Rolle, wie der Punktestand bei einem Tennisspiel eine Rolle spielt. Wir geben vor, dass es wichtig ist, aber es ist nicht *wirklich* wichtig. Wir geben vor, dass es wichtig wäre, um das Spiel zu spielen, aber letztendlich ist es uns egal.

Der Grund dafür, dass wir es lieben, Spiele zu spielen, ist der, dass sie uns an das große Spiel des Lebens erinnern. Der Grund dafür, dass wir uns gerne Komödien anschauen, ist der, dass sie uns an die große Komödie des Lebens erinnern. Was Drama für den Unwissenden ist, ist die Komödie für den Weisen.

***

- *Francis, wenn alles gesagt und getan ist...*

Was immer das bedeutet.

- *... ist nicht das ganze Ballspiel einfach nur dazu da, das Mentale zu beruhigen und im jetzigen Moment zu leben?*

Es geht nur darum, im jetzigen Moment zu leben. Wenn das Mentale nicht ruhig ist, bedeutet das, dass es noch etwas zu sagen und vielleicht noch etwas zu tun gibt. Daraus folgt, dass das Mentale, wenn alles gesagt und getan ist, still ist und wir im gegenwärtigen Moment sind.

- *Ich bin nicht sicher, ob du meinem Konzept zustimmst oder nicht.*

Ich meine, dass es genug ist, im gegenwärtigen Moment zu sein. Es ist nicht notwendig, das Mentale zu beruhigen. Lass das Mentale tun, was immer es tut.

- *Kannst du im gegenwärtigen Moment sein, wenn dein Verstand über den Film von gestern nachdenkt?*

Du bist immer im gegenwärtigen Moment. Wisse das einfach. Lass das Mentale tun was immer es will und nimm

Urlaub vom Mentalen. Du bist nicht mit dem Mentalen verheiratet. Lass dich scheiden! Lass es plappern und gib seinem Melodrama nach, während du gleichzeitig die Zufriedenheit deines Alleinseins genießt.

- *Aber kann ich noch im gegenwärtigen Moment sein, wenn sich mein Verstand mit diesen zusammenhanglosen Gedanken beschäftigt?*

Ja. In dem Moment, in dem du das Geplapper des Mentalen einfach nur beobachtest, ohne es zu füttern, ohne es für wirklich zu halten, bist du im gegenwärtigen Moment.

***

- *Wenn ich sage, dass Bewusstsein es wählt, das Glück zu erfahren, sich selbst durch ein bestimmtes Körper-Mentalgefüge zu erkennen und nicht durch einen anderen, stimmt diese Behauptung?*

Ich glaube nicht. Ich würde sagen, dass Bewusstsein die Erfahrung des Glücklichseins durch alle Körper-Mental-Gefüge machen will. Es wählt, alle Möglichkeiten zu erleben: der Böse und der Gute zu sein und alles dazwischen, alles gleichzeitig. Natürlich erschafft Bewusstsein nicht nur die menschlichen Schauspieler; es erschafft auch die Tiere und die Insekten und die ganze Bühne, die Erde, die Flüsse, die Berge und alles andere, dem du einen Namen gibst. Es ist ein großes Spiel.

- *Mir ist das immer noch unklar. Ich verstehe, dass dieser spezielle menschliche Verstand unfähig ist, dieses Drama zu erschaffen, und dass er auch unfähig ist, es abzuschaffen, aber ist er fähig Bewusstsein einzuladen?*

Nein, das Mentale kann nicht Bewusstsein einladen. Das Mentale kann nur eine Einladung vom Bewusstsein erhalten. Der Bettler kann nicht den König einladen, aber der König kann den Bettler einladen. Ein Bettler hat nicht die Mittel, einen König angemessen zu bewirten, aber der König kann einen Bettler in seinem Palast willkommen heißen, ohne überhaupt die Kosten zu bemerken.

- *Also gut, wenn du sagst, „Lasse Gott in dein Herz", sprichst du nicht zum Körper-Mentalen, du sprichst zum Bewusstsein. Du sagst zum Bewusstsein...*

„Sei dir selbst gegenüber offen."

- *Aber Bewusstsein ist ja schon da. An dieser Stelle bin ich verunsichert.*

Manchmal vergisst es, darum sage ich, „Sei dir selbst gegenüber offen". Es spielt das Spiel vom Vergessen und es spielt das Spiel vom Erinnern; es spielt das Spiel, jemanden zu erinnern und es spielt das Spiel, erinnert zu werden. Es spielt alle Spiele, genauso wie du es in deinen Träumen tust.

- *Wenn du zu mir sprichst bemerke ich, dass ich dazu neige, an das Bewusstsein als...*

...das Mentale zu denken.

- *Ja, als etwas Mentales, aber da ist etwas anderes. Ich neige dazu zu denken, dass jedes Mentale sein eigenes privates Bewusstsein hat, so dass es genauso viele Bewusstseine gibt wie einzelne Mentalkörper. Das würde einem Bewusstsein erlauben, sich an sich selbst zu erinnern, während ein anderes in Vergessenheit verloren ist. Oder dass das Bewusstsein sich an sich selbst in einem Fall erinnert hat und sich im anderen Fall vergessen hat.*

Die zweite Formulierung ist korrekt - Bewusstsein spielt alle diese Spiele, es nutzt jede Gelegenheit. Nimm den Fall an von jemandem, den wir vielleicht unwissend nennen, jemand, der kein bisschen an der Wahrheit interessiert ist. Aus der Sichtweise eines Wahrheitsliebenden würde es so scheinen, dass dieser Mensch sehr oft unnötig leidet. Er erfährt nicht was du erfährst, er weiß nicht was du weißt, er sucht nicht was du suchst. Aber wenn du dich in seine Lage versetzt und die Dinge von seinem Standpunkt aus betrachtest, siehst du, dass dieser Mensch das macht, was er machen will. Er würde sich auf einem Retreat wie diesem sehr langweilen. Jeder macht, was er machen möchte. Alle Menschen - wirklich alle Wesen - genießen ihre Freiheit in jedem Moment. Aus Respekt für die Freiheit des Bewusstseins, sich auf vielerlei Weise zu erfreuen, möchte ein wahrer Lehrer niemanden bekehren.

Christliche Theologie drückt das so aus: Gott liebt uns so sehr, und liebt unsere Freiheit so sehr, dass *sie* uns mit der Freiheit zur Sünde ausgestattet hat.

Von unserem so genannten „erleuchteten" Blickpunkt aus sehen wir andere als „unerleuchtet" und darum mangelhaft an. Aber das ist eine begrenzte Perspektive, weil wir immer noch „andere Leute" sehen; wir sehen nicht die globale Verspieltheit dieser Freiheit.

Diese Freiheit ist ähnlich dem Genuss eines erstklassigen Schauspielers, wenn er seine Kunst ausübt. Er will alle Arten von Charakteren darstellen, gute Typen *und* böse Typen. Wenn er kein guter Schauspieler ist, dann will er nur sympathische Charaktere und Helden darstellen, damit er eine Berühmtheit außerhalb des Theaters sein kann. Aber ein erstklassiger Schauspieler findet es eine große Herausforderung, einen unsympathischen Charakter darzustellen, jemand wirklich bösen.

Es gibt da noch etwas anderes, das geklärt werden muss. Es wird oft so verstanden, dass Bewusstsein sich nur selbst durch den Körper eines fühlenden Wesens kennen kann, einen Menschen im Speziellen. Aber Bewusstsein kennt sich selbst durch sich selbst, ohne einen Körper. Es ist wichtig, diesbezüglich zwischen verschiedenen Lehren zu unterscheiden.

Bewusstsein ist sozusagen darauf angelegt, sich selbst zu kennen. Die erste Qualität von Bewusstsein ist, sich seiner selbst bewusst zu sein, und erst dann kennt es Objekte. Bevor irgendetwas ist, ist da dieses Selbst-kennen, das Meister Eckhart „Gottheit" nennt. Er sagt, „Bevor Gott war, bevor ich war, waren wir zusammen als „Gottheit". Das ist Selbsterkenntnis, in der es nichts anderes gibt als sich selbst zu kennen. Es ist ein absurder, materieller Standpunkt zu sagen, dass Bewusstsein einen menschlichen Körper benötigt, um sich selbst zu kennen. Das lässt uns in der verzweifelten Situation, nicht mit dem Bewusstsein untrennbar verbunden zu sein und eine Verbindung *erschaffen* zu müssen. Das bedeutet, dass dieses Bewusstsein hier, das diese Worte hört, persönlich und getrennt ist und stirbt, wenn das Mentale stirbt; und dass es ein Bewusstsein gibt, irgendwo da draußen, das den ganzen Kosmos erschafft, aber ich bin getrennt davon, ich bin zum Fest nicht eingeladen.

Zusammengefasst kann man sagen: Bewusstsein kennt sich selbst; dieses Bewusstsein, das sich selbst kennt, ist das eine Bewusstsein, das diese Worte hört, in diesem Moment, und Gott ist anwesend, als diese Präsenz, im Zentrum unseres Seins.

***

- *Wenn ein Körper-Mentalgefüge verschwindet, bleibt davon irgendetwas übrig? Du hast einmal gesagt, dass*

Jean Klein und Ramana Maharshi immer noch bei uns sind. Meinst du, dass sie immer noch mit uns sind in einer Weise, dass ihre Lehren immer noch gegenwärtig sind? Oder meinst du, dass es etwas gibt das bleibt, was zu einer anderen Dimension gehört?

Ohne auf eine andere Dimension zu verweisen, zeigt schon die Tatsache, dass du von ihnen sprichst, dass etwas übrig bleibt.

- *Ja, als ein Gedanke, eine Lehre.*

Wenn wir sie wiedererwecken, hat das, was bleibt, die Kraft, uns zu ihrer Präsenz zurück zu bringen.

- *Zu ihrer Präsenz oder zu der Präsenz?*

Ihre Präsenz ist unsere Präsenz und sie ist ewig. Aber auf der subtilen Ebene gibt es eine subtile Energie, die immer noch aktiv ist, nachdem der materielle Körper verschwunden ist. Du könntest sie eine Gedankenenergie nennen. Darum existiert immer noch eine subtile Präsenz, wann immer du über einen Lehrer sprichst oder über irgend jemand anderen.

- *Das erinnert mich an eine tibetische Lehre, die ich immer schwer verstanden habe. Die Tibeter behaupten, dass Lehrer es wählen zu reinkarnieren, um der Menschheit zu helfen, aber wenn es kein getrenntes Ego gibt, keine Individualität, was kann dann reinkarnieren?*

Robert Adams erklärte das auf diese Weise: Im Buddhismus gibt es diese super Buddhas, genannt Arhats, die keinen Deut auf die Welt geben, weil sie wahrhaft verstanden haben, dass sie eine Illusion ist. Sie legen kein Bodhisattva-Gelübde ab und reinkarnieren nicht. Der Weise, für den alles gut ist und sich alles so entwickelt, wie es soll, hat keinen Wunsch, die Welt zu retten, zurückzukommen und fühlende Wesen zu retten. Für so einen Weisen gibt es keine fühlenden Wesen, keine Individuen, nur Gott.

Jedoch gibt es im Buddhismus auch Bodhisattvas, die reinkarnieren, um die Welt zu retten. Das ist eine wunderbare Sache. Ich meine das nicht geringschätzig, aber letztendlich zeigt das, dass da immer noch eine Beteiligung an der Welt ist.

Wir müssen verstehen, dass sehr viele dieser Dinge einfach religiöse Traditionen sind; das ist nicht die ursprüngliche Lehre des Buddha. Als die großen Weisen des Ch`an Buddhismus gelehrt haben, mussten sie Lippenbekenntnisse für diese Ideen ablegen, anderenfalls hätte es Konflikte gegeben, und sie wären verfolgt oder sogar getötet worden. Aber gleichzeitig haben sie Dinge gesagt, die sehr respektlos waren, wie zum Beispiel: „Wenn du den Buddha auf dem Pfad siehst, töte ihn." Also wenn du Buddhismus auf dem Pfad siehst, töte Buddhismus. Vertraue einfach deinem eigenen Verständnis der Wahrheit. Du lagst richtig mit deiner Frage, aber gleichzeitig ist es wichtig zu erkennen, dass diese Lehren über Bodhisattvas, die sich reinkarnieren, im Zusammenhang der Entwicklung aller Dinge geschehen, entsprechend der göttlichen Inspiration, und dass diese Lehren und Gewohnheiten Teil dieser Entwicklung sind.

***

- *Du hast gesagt, dass du als Schüler von Jean Klein einen Punkt erreicht hast, an dem deine Fragen abgenommen haben. Kannst du das noch erweitern?*

Die Fragen fielen weg, weil die Antworten zum Verstehen geführt haben und das Mentale befriedigt war. Die Befriedigung lag nicht in den Antworten; sie lag in dem daraus resultierenden Verstehen. Auf dieser Ebene gab es keine Fragen mehr bezüglich der Perspektive, von wo aus alles an seinen Platz fällt. Jedoch gab es immer noch praktische Fragen darüber, wie man von dieser Perspektive aus lebt und wie man diese Perspektive in das tägliche Leben überträgt. Zum Beispiel: Wie man Musik versteht, Malerei und Architektur, wie man Beziehungen sieht, wie man mit der Erziehung und Bildung eines Kindes umgeht, den Körper und das Reich der Gefühle versteht.

- *Was geschieht mit unseren Gefühlen, wenn tiefes Verstehen aufgekommen ist?*

Das ist es, was wir nicht nur in unserer morgendlichen Körperempfindungssession herausfinden, sondern auch, wenn wir einfach beieinander sind. Wir haben dieses wunderbare Gefühl, in der Anwesenheit von Wahrheit versammelt zu sein. Wir können wahre nicht-urteilende Freundschaft erfahren. Es kommt ein Gefühl von Harmonie auf, Freiheit, Einheit, und eine tiefere Befriedigung als die mentale Befriedigung, die wir erfahren, wenn wir etwas verstehen. Wir gehen von dem denkenden Verstehen zu dem Seinszustand des Verstehens.

- *Ja, meine Erfahrung ist, dass Gefühle, die im Laufe meines Lebens sehr turbulent waren, viel von ihrer störenden Kraft verloren haben. War es das gleiche für dich, dass Gefühle von Trauer und Wut und dergleichen nicht länger Aufruhr in deinem Leben verursachen?*

Ja, aber du musst verstehen, dass Wut nicht zwangsläufig schlecht ist. Manchmal ist sie sehr angemessen und die einzige Möglichkeit, deine Botschaft rüber zu bringen.

Was wichtig ist, ist glücklich zu sein, ohne Probleme zu leben, damit du jeden Tag mit Enthusiasmus und das

Ende des Tages mit Befriedigung begrüßen kannst. Es gibt einen Moment, wenn du fühlen kannst, dass dies geschieht. Wenn dieser Moment kommt, machst du dir nicht mehr soviel aus Advaita und dieser Art von Dingen. Du fühlst, dass du den Fisch schon gefangen hast, dass du dir keine Sorgen mehr machen musst über die Feinheiten der Köder und die Techniken des Fischens.

Im Zusammensein mit meinem Lehrer gab es noch einen Faktor: das Feiern zu lernen.
Du kannst alleine lernen zu tanzen oder zu feiern, aber wenn du einen Lehrer hast, lernst du vielleicht schneller und gehst tiefer. Er war ein großartiger Lehrer in dieser Beziehung. Wenn wir zum Beispiel zum Abendessen gingen, ging er immer in die besten Restaurants und kaufte Spitzenweine. Er besaß eine beachtliche Offenheit dem Leben gegenüber. Du kannst diese Offenheit oder ihr Fehlen an kleinen Dingen wahrnehmen. Zum Beispiel haben Leute in den Vereinigten Staaten Wohnzimmer, in denen sie nicht wohnen, Esszimmer, in denen sie nicht essen, Silberbesteck, das sie nicht benutzen. Warum sollte ein Mann oder eine Frau das tun wollen? Ich kann nur vermuten, dass sie ihre wertvollen Dinge bewahren, damit ihre unberührten Möbel und Silberbestecke bewundert werden, wenn sich nach ihrem Tod die Teilnehmer der Beerdigungsfeier in ihrem Haus versammeln und respektvoll herum stehen.

Aber mein Lehrer würde so etwas nicht tun, nicht für einen Moment. Seine Einstellung war, „Wenn du Silberbesteck hast, benutze es; wenn du ein teuer ausgestattetes Esszimmer hast, iss in ihm; und wenn du ein Wohnzimmer hast, voll von wertvollen Möbeln, dann lebe in ihm."

Das Leben ist da, damit wir es feiern und genießen. Wir sind nicht hier, um zu leiden.

***

- *Francis, kannst du das, was du meinst, wenn du uns rätst, uns in das Jetzt zu verlieben, noch genauer ausführen?*

Ich meine damit, verliebe dich in dein „nowing"-Jetztsein, was das „knowing"-Wissen, Bewusstsein, der Zustand des Seins, das Leben selbst ist. Das ist deine Essenz - das, was dir das Tiefste, das Wertvollste, das Liebste ist. Das Schöne daran ist, dass du kein Egoist bist, wenn du dich in deinen *Jetzt-Zustand* verliebst, weil dein *Jetzt-Zustand* der *Jetzt-Zustand* aller Wesen ist.

- *Offenbar sagst du, dass Verliebtsein ins Jetzt etwas anderes ist, als in den gegenwärtigen Moment verliebt zu sein.*

Ja, es ist ein Verlieben in die Präsenz. Der gegenwärtige Moment ist immer noch ein Objekt; er ist immer noch *etwas*. Wenn du in ihn verliebt bist, bleibst du an einem Objekt hängen. Wenn du dich in die Präsenz verliebst, versuchst du nicht, den Moment anzuhalten, du lässt den Moment fließen, weil du verstehst, dass er keine Rolle spielt. Je mehr er fließt, desto mehr bist du in deiner Präsenz, deiner Gegenwärtigkeit, deinem Wissen. Du wirst den Fluss der Dinge spüren und ein Taoist werden. Das ist die Bedeutung des Wortes Tao - das Fließen.

***

- *Du sprachst davon, „den Kick der Angst zu kennen." Wie kann ich für die Angst offen sein, wenn sie erscheint?*

Versuche es einfach.

- *Irgendwelche Tipps?*

Sei nicht mit der Angst beschäftigt; sei mit deiner wahren Natur beschäftigt. Interessiere dich für das, was du bist, sei mit dem was du bist, indem du dich in deine eigene Präsenz verliebst und anhaltend darin verbleibst. Angst ist ein Objekt, und es tut dir in keiner Weise gut, mit einem Objekt beschäftigt zu sein. Angst ist etwas Negatives. Kümmere dich nicht um das Negative, sondern bleibe bei dem, was wahr ist, bei deinem wahren Selbst. Nur aus dieser Position der Stärke heraus kannst du Angst überwinden.

- *Krishnamurti sagte immer, dass du dich der Angst stellen sollst, ganz und vollkommen. Ich versuche das mit dem zu verbinden, was du gerade gesagt hast - sei gegenwärtig, sei Präsenz.*

Wenn Angst aufkommt, stell dich ihr. Wenn nicht, erwecke sie nicht, lass sie in Ruhe. Wenn sie aufkommt, schaue sie aus deiner Präsenz heraus an.

- *Was bedeutet das genau, „schaue sie aus deiner Präsenz heraus an."*

Das bedeutet, „gebrauche die Angst als eine Erinnerung an die Präsenz, in der sie erscheint."

Verstehe, dass diese Präsenz nicht persönlich ist. Erkenne, dass diese Angst einfach auf dem Gefühl und dem Glauben basiert, dass du eine Person bist. Wenn du Angst in diesem Licht siehst, verliert sie ihre Macht über dich. Unsere wahre Natur ist ewig, und darum kann Angst keinen Zugriff darauf haben. Wenn du deinen Standpunkt in deiner wahren Natur einnimmst, kann sich Angst nicht an dich heften.

- *Bedeutet das, dass wir die Angst einfach nur beobachten?*

Nein. Wenn du irgendeinen Trick oder eine Technik anwendest, die Angst zu manipulieren, bedeutet das, dass du der Angst schon den Sieg abgetreten hast, dadurch, dass du sie in eine Position von Wichtigkeit erhoben hast. Stattdessen erkenne die Wichtigkeit des Bewusstseins, deiner wahren Natur, und dann sieh, was mit der Angst geschieht. Das ist eine Angelegenheit der Prioritäten, worauf du deine Aufmerksamkeit und deine Liebe richtest. Verweile einfach in deiner Präsenz und schau, was mit dieser Angst geschieht - selbst wenn sie wieder auftaucht, ist sie so gut wie tot.

***

- *Ich habe an mir selbst beobachtet, dass es einen schmalen Grat gibt, die Dinge zu akzeptieren, so wie sie sind, und zu wollen, dass Dinge geschehen. Wenn ich akzeptiere, ist Präsenz da. Wenn ich versuche, Dinge zu verändern, schlafe ich ein, werde ich unbewusst.*

Wenn es in deiner Kraft liegt, Dinge zu verändern, gibt es keinen Grund sie einfach zu akzeptieren, so wie sie sind, nur weil du denkst, es sei ein höherer Pfad, alles so zu lassen wie es ist. Wenn du spürst, dass dein Bein einschläft, bewege es, bis die Durchblutung wiederhergestellt ist. Benutze deine Intelligenz. Sei offen, alles zu tun, was deine Intelligenz und dein Verständnis dich veranlassen zu tun. Aber wenn du immer noch Dinge ändern willst, nachdem du alles, was in deiner Macht liegt, getan hast, ist das eine andere Sache. Das zeigt dann einen Rest von Verweigerung an, die Realität des Lebens zu akzeptieren.

- *Ja, es scheint, dass ich Präsenz wahrnehme, wenn ich die Dinge in ihrer Totalität begrüßen kann.*

Ja! Wir gehen aus der Zustimmung heraus, wenn wir anstelle der Totalität ein spezielles Objekt begrüßen. Wenn wir unsere Zustimmung auf eine spezielle Sache begrenzen, degradieren wir unsere Zustimmung zu Akzeptanz. In der Akzeptanz liegt eine Art von Resignation und eine Abwesenheit von Intelligenz. In der Zustimmung ist unsere Intelligenz vollkommen lebendig und gut und in der Lage, die angemessene Handlung zu bestimmen; du bist absolut präsent und wach und bereit, alles zu tun, wozu dich deine Intelligenz oder deine Intuition veranlassen.

Wenn wir wahrhaft in der Zustimmung sind, sind wir vollkommen frei, ohne einen eigenen Plan. Stellen wir uns jetzt vor, dass etwas geschieht, das nicht vollkommen begrüßt wird: Eine Präferenz taucht auf, der wir begegnen mit, „Oh, Francis hat gesagt, wir sollten es begrüßen, darum werde ich dieses Objekt begrüßen." Aber es gibt endlos viele mögliche Handlungen. Vielleicht ist es dieses Objekt nicht wert, begrüßt zu werden.

Wahre Zustimmung ist eine Zustimmung zur Situation, so wie sie gerade erscheint, in ihrer Totalität. Es gibt keine Fokussierung, keine Objekte. Ein Objekt wird in dem Moment erschaffen, indem du es von der Totalität trennst, weil du einen Plan hast und es ändern willst. Aber tatsächlich gibt es keine Objekte, keine Trennung, noch irgendein Subjekt, wenn diese Zustimmung geschieht. Da ist Aroma; da ist Frieden.

Am Anfang pendeln wir zwischen dieser perfekten Zustimmung und der wiederholten Beteiligung an einem Objekt hin und her. Wir können das Objekt nicht dadurch loslassen, dass wir das Mentale ent-fokussieren, weil wir das Mentale nicht ent-fokussieren können. Wir müssen nur einfach verstehen, dass wir fokussiert haben. Dadurch lassen wir das Objekt los und entspannen uns. Zustimmung ist „Aufmerksamkeit ohne Anspannung." Es ist auch Meditation; es ist *nowing* - Gegenwärtigkeit.

In deinem Alltag lernst du Zustimmung so, wie du Surfen lernst. Du surfst im Jetzt. Du surfst in der Präsenz. Das ist deine Hausaufgabe. Am Anfang wirst du untergetaucht, aber das macht nichts, so lernst du. Solange du dich weigerst, es zu versuchen, lernst du gar nichts. Sobald du anfängst, es zu versuchen, beginnst du zu lernen.

6 Das Gesetz der Überraschung

- *Was geschieht mit Beziehungen, wenn man schon etwas von seiner wahren Natur verstanden hat?*

Der Zweck jeder Situation - und das bezieht auch Beziehungen mit ein - ist zweierlei: uns zur Wahrheit zu bringen und die Wahrheit zu feiern. Solange wir glauben, ein getrenntes Wesen zu sein, werden Beziehungen voll von Lektionen sein, vielleicht schmerzhaften Lektionen, die uns auf die Wahrheit verweisen. Wenn wir verstehen, dass wir keine Person sind, sehen wir den Partner nicht mehr als eine Person, sondern als ein Wesen, das wir selbst in unserer Essenz sind. Jedoch muss diese Sichtweise gegenseitig sein, um so eine Beziehung zu einer wahren Feier zu machen. Wenn wir im Duett spielen würden und ich korrekt spiele, aber mein Partner einen halben Ton höher spielt, wird das schrecklich klingen.

Wenn ein Partner anfängt zu verstehen, wer er wirklich ist, wird sich der andere entweder in die gleiche Richtung entwickeln oder der Abstand und die nachfolgenden Schwierigkeiten zwischen ihnen werden wachsen und eine drastische Lösung hervorrufen. Aber es wird sich nicht immer in diese Richtung entwickeln, weil Menschen aus vielerlei Gründen in Beziehung sind. Ein Partner entscheidet vielleicht aus einem Gefühl von Liebe und Verantwortung heraus, in der Beziehung zu bleiben, in der diese tiefe Gemeinschaft fehlt. Aber das macht man mit weit offenen Augen, sich der Begrenzungen in der Partnerschaft voll bewusst, nicht aus Schwäche. Die Liebe drängt einen dazu, den Partner nicht zu verlassen. Aber wenn der Letztere freiwillig entscheidet zu gehen, ist das eine andere Sache.

Ich würde hinzufügen, dass wir soziale Wesen sind, und dass es den meisten von uns - nicht allen - angenehm ist, mit anderen zusammen zu sein, nicht nur mit einem Liebespartner sondern auch mit Freunden. Wir erfahren etwas, dass wir zutiefst wünschen und brauchen. Unsere Versammlung hier ist eine wunderbare, weil wir mit offenem Herzen zusammengekommen sind. Das ist selten und wir sind vom Glück begünstigt, so gesegnet zu sein. Wenn die Wahrheit nur durch das Verstehen geteilt wird, ist sie eine kleine Sache; das ist nur eine intellektuelle Übereinstimmung, bei der die wesentliche Süße fehlt. Aber wenn wir die Tiefe unserer *Erfahrung* teilen, ist das eine gänzlich andere Sache.

***

- *Es passiert manchmal, dass ich einen starken Wunsch habe, die Welt der Objekte und den Ich- Gedanken zu erforschen, während ich mitten im Verständnis meiner wahren Natur bin. Falle ich damit aus dem höheren Verständnis heraus?*

Nein, nicht, wenn dein Wunsch nach Erforschung vom Feiern kommt. Es wäre im Gegenteil ein Problem, das zu vermeiden. Es wäre eine andere Geschichte, wenn die Motivation aus Angst oder persönlichem Wunsch käme. Aber wenn die Motivation ein Interesse an der Wahrheit ist, solltest du das sicherlich machen. Der Wunsch, den Ich-Gedanken zu erforschen, kommt nie vom Ego. Die Untersuchung zu unterdrücken bedeutet, das Leben in dir, den Geist der Entdeckung, das Interesse in eigener Sache und deine höchste Suche zu unterdrücken.

Das heißt, es ist viel besser, dass die Frage, „Wer bin ich?" zweimal am Tag spontan und aufrichtig erscheint, als den ganzen Tag lang mit irgendeiner spirituellen Übung zu verbringen. Das meiste, was bei jahrelangem Üben erreicht werden kann, ist, dass Gottes Herz durch deine Anstrengung und Ernsthaftigkeit so berührt würde, dass die Frage, „Wer bin ich?" in deinem Herzen durch *ihre* Gnade spontan aufkommt.

Bewahre dieses Interesse in deinem Herzen und wisse, dass es aus der Gnade kommt.

***

- *Bei dem, was der Weise Atmananda Krishna Menon „Bedingungsloses Bewusstsein" nennt, sagtest du, dass es da keinen „mind" gibt - nur Gewahrsein. Meinst du mit „mind" nur den Verstand, oder alles, Körper, Mentales und Welt?*

Ich meine, „In der Abwesenheit von jeglicher Wahrnehmung".

- *Ich erlebe, selbst wenn ich in tiefer Meditation bin, dass es nie eine totale Abwesenheit von Objekten gibt.*

Ja, weil du die totale Abwesenheit jeglicher Wahrnehmung mit dem Verstand zu verstehen versuchst. Du kannst keine Darstellung oder Idee dieses Zustands haben. Das Mentale kann nur zu einem objektbezogenen Zustand Zugang haben. Es kann höchstens zu einem leeren Zustand Zugang haben, der immer noch ein Objekt ist. Das erfahrbare Beispiel, dass ich gewöhnlich gebe, ist: Was passiert, wenn wir etwas verstehen oder was geschieht, wenn wir von Liebe oder Schönheit berührt werden? Oder was geschieht, wenn wir *sehen*, dass wir bewusst sind? Einfach nur das. Das ist ein Moment außerhalb der Zeit, eine Erfahrung, die keine Dauer hat.

- *Das scheint soweit jenseits des Verstandes, dass jegliche Fragen darüber sinnlos erscheinen.*

Das ist nicht so weit weg; es ist nur knapp hinter dem Mentalen. Es gibt darüber Fragen und Antworten.

- *Also sprechen wir über Bewusstsein ohne ein Objekt.*

Ja.

- *Du hast gesagt, dass die Schlussfolgerung ist, dass es keine Objekte gibt, wenn sich das Körpermentale herunterschraubt und sich alle Türen der Wahrnehmung schließen.*

Ich habe gesagt, dass die Schlussfolgerung ist, dass es keine Sinnesobjekte gibt. Ob das Mentale wirklich weiter besteht, wenn der Körper verschwindet, ist offen für Spekulation. Aber das ist ein Gebiet, in das ich gewöhnlich nicht hineingehe, weil ich nicht wirklich daran interessiert bin, das Mentale zu erforschen. Woran ich wirklich interessiert bin ist die Erforschung dessen, was jenseits und hinter dem Mentalen steht, und jenseits und hinter dem Körper und der Welt.

- *Also bist du neutral gegenüber der ganzen Frage, ob das Mentale bestehen bleibt?*

Alles was wir wissen, wissen wir durch das Mentale. Alles, was wir wissen, ist eine Art von Idee des Mentalen - vielleicht ein Gedanke, vielleicht ein Bild, vielleicht eine Wahrnehmung - aber alles ist grundsätzlich eine Idee, weil alles im Mentalen erfahren wird. Es gibt diesbezüglich keinen Beweis, dass es irgendein Objekt außerhalb des Mentalen gibt.

Nun gibt es aber viele Mentale. Offensichtlich sind da zwei Mentale beteiligt, wenn du mit jemand anderem sprichst, und wenn du deinen Blick erweiterst, gibt es Millionen von Mentalen. Darüber hinaus können wir die Möglichkeit von einem göttlichen Geist oder kosmischem Geist nicht ausschließen. Aber was auf jeden Fall essentiell ist, was alle diese Mentale gemeinsam haben, ist Bewusstsein.

Wenn wir die Existenz und die Funktionsweise des Mentalen aus der Sichtweise des Bewusstseins anschauen, haben wir uns auf eine andere Ebene bewegt. In dieser Diskussion haben wir drei Kategorien in eine zusammenfallen lassen. Normalerweise unterteilen wir die Realität in drei unterschiedliche Kategorien: die erste ist die materielle Welt, die physische Objekte enthält; die zweite ist die mentale Welt, die mentale Objekte enthält - Gedanken, Gefühle, Ereignisse, Ideen, Bilder, Wahrnehmungen, und so weiter; die dritte ist Bewusstsein. Wir haben gezeigt, dass die Kategorie der materiellen Welt und alle ihre Inhalte in die Kategorie der mentalen Welt aufgenommen werden kann, und die mentale Welt kann ins Bewusstsein aufgenommen werden. Also gibt es zwei Integrationen in Folge. In der ersten wird die grobe Welt als subtil angesehen, gemacht aus dem Mentalen; und in der zweiten wird das Mentale selbst als Bewusstsein angesehen.

Wenn ich verstehe, dass die grobe Welt einfach eine Unterkategorie der mentalen Welt ist, bedeutet das Verschwinden der groben Welt, die durch die Sinne wahrgenommen wird, nicht das Verschwinden der ganzen subtilen Welt. Darum habe ich gesagt, dass wir die Möglichkeit nicht ausschließen können, dass das Mentale nach dem Tod des Körpers weiter besteht.

- *Und die grobe Welt hat es nie gegeben?*

Die grobe Welt ist ausgedehnt oder aufgefächert in vier Dimensionen, drei Dimensionen des Raums und eine Dimension der Zeit, und wenn sie sich wieder zurück in die subtile Welt aufgelöst hat, bleibt nur die Dimension der Zeit übrig. Also kollabieren drei Dimensionen in eine Dimension, und wenn das Mentale kollabiert und in das

Bewusstsein verschwindet, kollabiert auch diese letzte Dimension in die Zeitlosigkeit hinein.

Dagegen geschieht das Entstehen von Dingen in der umgekehrten Reihenfolge.

- *Also wenn du immer geglaubt hast, dass die grobe Welt sich in diese subtile Welt eingeordnet hat, und das bis in die Knochen, dann fällt es dir leichter zu erkennen, dass die subtile Welt von dem Bewusstsein absorbiert wird.*

Ja, du kannst diese zwei Schritte nehmen, aber du kannst auch direkt zum Bewusstsein gehen, ohne den Zwischenschritt des Mentalen.

- *Irgendwie scheint es mir leichter, diesen Zwischenschritt zu machen.*

Dann kannst du auch diesen Schritt testen, wenn du daran interessiert bist. Wenn du offen für die Möglichkeit bist, dass alles mental ist, betrittst du die Welt des Voodoo, oder wenn du es vorziehst, die Welt der Magie. Du betrittst die Welt, in der das, was du denkst, und die Ereignisse, auf die sich die Gedanken beziehen, eng verbunden sind. Und die Verbindung besteht nicht nur in dem Sinn, dass das Haus meinen Plänen entspricht, wenn ich entscheide, ein Haus zu bauen, - jedermann würde dem zustimmen - sondern es existiert in einem subtileren Sinn, nämlich in dem Sinn, dass wir eine Ahnung davon haben können, was geschehen wird. Darum könntest du es als Magie ansehen.

Die Gesetze dieses subtilen Universums unterscheiden sich von den Gesetzen der Physik, von den Gesetzen des physischen Universums. Aber es gibt immer noch Gesetze, einschließlich des grundlegenden Gesetzes der Kausalität. Aber wenn wir über den subtilen Aspekt hinausgehen, begeben wir uns vom Magischen zum Wunderbaren, dessen Gesetz die Überraschung ist, wo nichts voraus gesehen werden kann. Mit anderen Worten, wenn wir daran glauben, dass alles in Bezug auf die Realität das Mentale ist, und wenn wir nicht zwischen dem Mentalen und der Materie unterscheiden, dann wird das relevante Gesetz das Gesetz von Ursache und Wirkung oder Karma sein; die Geschehnisse in der Welt werden magisch sein, und sie werden in Übereinstimmung mit diesen Gesetzen geschehen - es wird einen gewissen Grad von Vorhersehbarkeit der Ergebnisse geben. Aber wenn wir darüber hinaus gehen, und wenn wir alles als Bewusstsein sehen, gibt es nur Überraschung und Staunen. Nichts ist mehr voraussehbar und es gibt keine Gesetze.

- *Und das stimmt mit dem überein, was du sagst, dass nichts von Anfang an vorbestimmt ist?*

Ja. Vom Standpunkt der groben Welt aus gelten die natürlichen Gesetze und die natürliche Form von Determinismus und Evolution. Aus dem Gesichtspunkt der subtilen Welt gelten karmische Gesetze. Aber aus der Sichtweise des Bewusstseins ist das einzige Gesetz das Gesetz der Liebe.

Betrachte das so. Nimm den Fall von jemandem, der nur die mentale Welt sieht, der Ereignisse in der materiellen Welt als nichts anderes ansieht, als Geschehnisse in der mentalen Welt - mit anderen Worten jemand, der in der Welt von Voodoo oder Magie lebt. Dieser Mensch könnte Angst davor haben, eine bestimmte Art von Gedanken zu pflegen, weil er überzeugt wäre, dass diese Gedanken einige unerwünschte Erfahrungen in seinem Leben erzeugen würden. Und seine Angst wäre berechtigt; seine Bindung an das Mentale würde die Ergebnisse hervorrufen, die er fürchtet.

Aber für den Weisen, der vom Mentalen nicht abhängig ist, ist das grundsätzlich anders. Seine Gedanken sind nicht bindend, die einzige Regel ist Liebe. Wenn die Gedanken aus der Liebe kommen, werden sie Liebe erzeugen, sie werden Liebe manifestieren.

***

- *Ich möchte der Weise sein und in der Liebe sein und nur von der Liebe kommen.*

Wenn du der Weise sein willst, dann bist du der Weise. Aber der Weise ist nicht menschlich. Wenn du menschlich sein möchtest, wirst du menschlich. Wenn du der Weise sein möchtest, bist du der Weise - du wirst was du willst.

- *Also denke ich vielleicht nur, dass ich der Weise sein möchte? Ich möchte der Weise sein; bleiben wir einfach dabei. Ich habe das Buch von Robert Adams gelesen und er sagt, „Wache am Morgen auf und frage, ´Wer bin ich?` Beantworte das nicht, frage es nur, nur die Frage selbst, das ist alles."*

Ich würde sagen, dass es zu viel ist, diese Frage jeden Morgen zu stellen. Frage das einmal und dann lebe damit. Du würdest nicht ohne diese Frage hierher kommen, also ist die Frage schon in dir und irgendwie bist du die Frage. Mach dir also keine Sorgen, ob du die Frage wieder stellen sollst; höre nur auf die Antwort.

***

- *Du hast darüber gesprochen, dass man fühlen soll, die Ebene zu sein, die unter den Gedanken liegt. Ich habe eine Technik gelernt - sie nennt sich Focusing - mit der du deine Aufmerksamkeit auf deinen Körper richtest und dich für das öffnest, was immer an Empfindungen erscheint. Und dann hast du gesagt, erwarte nicht, dass die Empfindungen weg gehen, sei nur interessiert an ihnen. Ich habe zu viel Protein-Pulver zu mir genommen und ich kann das als einen großen Klumpen fühlen und es ist sehr irritierend. Ich frage mich, ob das ein Beispiel für das Mentale ist oder für das Bewusstsein, das mit dem Körper interagiert.*

Das ist dein Körper, der dich etwas über Protein-Pulver lehrt. Es ist wichtig zu verstehen, dass so etwas nur natürliche Geschehnisse in deinem Körper sind; sonst tendieren wir dazu, uns auf sie zu konzentrieren, zu versuchen sie zu ändern und uns über sie zu ärgern. In dem Moment, in dem du sie als das siehst, was sie sind, versuchst du nicht mehr irgendetwas mit ihnen zu tun und das gibt dir Freiheit.

- *Ich fühle, dass ich jetzt davon frei bin, aber nicht heute Morgen. Obwohl ich die physiologischen Ursachen erkannt hatte, war meine Stimmung immer noch beeinträchtigt.*

Ja. Es gab da eine zusätzliche psychologische Komponente. Frage dich nur, „was kann ich tun, um dieses Unwohlsein zu reduzieren? Was kann ich tun, damit sich dieses Problem nicht wiederholt?" Wenn du einmal alle Möglichkeiten intelligent untersucht hast, kannst du ruhig werden, weil du alles getan hast, was du kannst. Du wartest es einfach ab.

- *Aber ich frage mich, ob es das Mentale oder Bewusstsein ist, was reagiert?*

Wenn du die Zustände und das Unbehagen deines Körpers mit einer Absicht beobachtest, dann reagierst du. Wenn sie einfach nur in deinem offenen Gewahrsein erscheinen, wird die Reaktion durch Verstehen ersetzt.

- *Also ist das Gewahrsein selbst an keiner Reaktion beteiligt?*

Nein. Es passiert folgendes: Wenn wir diese körperlichen Zustände auf diese Weise sehen, wird die emotionale Belastung ausgeschaltet. Als mögliches Ergebnis könnte es eine Evolution des Phänomens selbst geben, entsprechend der Gesetze der Natur. In diesem Fall war die Evolution durch die emotionale Einmischung in das Phänomen blockiert.

- *Gibt es irgendwelche Techniken, die nicht aus dem magischen Raum kommen, den du vorher erwähnt hast?*

Alles, was wir aus liebevollem Verständnis tun, geschieht auf der spirituellen Ebene. Das Ziel ist nicht persönlich, weißt du. Auf der physischen Ebene glaube ich, dass ich mein Körper bin. Auf der magischen Ebene glaube ich, dass ich mein Mentales bin. Auf der spirituellen Ebene glaube ich nicht länger, dass ich entweder der Körper oder das Mentale bin; ich glaube nichts. Ich gebe Gott die Freiheit, mich in jedem Moment glauben zu lassen, was *sie* will, dass ich glauben soll. Dann lässt *sie* mich vergessen und dann wieder wissen. Ich spreche auf der Ebene des Mentalen, das die Wahrheit nicht festhalten kann.

***

- *Diese Frage hat etwas mit Willkommen-Heißen zu tun. Dieser Körper-Mental-Komplex hat oft Depressionen erfahren, so schlimm, dass es zu einem medizinischen Problem mit chemischem Ungleichgewicht geworden ist. Und das ist unterschwellig immer noch vorhanden. An manchen Tagen wie heute zum Beispiel, wenn es sehr stark ist, ist das einzige, was ich versuchen kann, es willkommen zu heißen. Aber das hilft nicht unbedingt.*

Es „hilft nicht", weil du es als eine Anwendung siehst. Du siehst es als Mittel, es zu beenden, die Depression loszuwerden. Wenn das so ist, gibt es keine wahre Akzeptanz der derzeitigen Situation. Wenn Zustimmung als ein Mittel angesehen wird, ein Ziel zu erreichen, ist es nicht mehr Zustimmung.

Die Quelle des Leidens ist immer der Glauben, dass wir ein getrenntes Wesen sind; der Ausweg daraus ist das Verstehen, das wir das nicht sind. Dieses Verständnis wird durch die Untersuchung auf der Ebene des logischen Denkens und auf der Ebene der Gefühle erreicht.

- *Ja, das ist wahr; wenn die Depression geschieht, ist die Hauptwahrnehmung ein Gefühl von Trennung vom Universum - von allem, was man benennen kann.*

Dieses Gefühl der Trennung oder Dunkelheit erscheint irgendwo, also überlege einfach für einen Moment, worin es erscheint. Wie weißt du, dass es getrennt ist? Wir haben das Argument gepachtet, dass wir getrennte Wesen sind. Das wird in der westlichen Mythologie damit beschrieben, in die Frucht vom Baum der Erkenntnis von Gut und Böse zu beißen. Wenn ich die Frucht dieses Baumes gegessen habe, bedeutet das, dass ich unterscheiden kann zwischen mir und dem Rest der Welt, zwischen Gut und Böse. Aber es gibt nichts, was mich zwingt, diese Frucht in meinem Mund zu behalten. Ich kann sie ausspucken.

- *Also wenn das Gefühl von Trennung jemanden im Griff hat, sollte derjenige dann dabei verweilen und nichts tun?*

Ja. Behandele es so, als hättest du eine Grippe. Bleibe drinnen und halt dich warm. Lies gute Bücher. Sei mit Freunden zusammen. Denke an die Wahrheit.

***

- *Du hast von Momenten des Verstehens gesprochen oder von Wertschätzung von Schönheit als Beispiele dafür, dass Bewusstsein sich selbst kennt. Repräsentiert der Moment des Verstehens die Lücke in der Sequenz der Gedanken?*

Ja, es ist eine Lücke in der Sequenz von Gedanken oder in der Sequenz von Wahrnehmungen oder Ereignissen. Im Fall eines geschaffenen Kunstwerks, einer Musikkomposition zum Beispiel, wird die Bedeutung einer musikalischen Kadenz sichtbar, wenn die verschiedenen Elemente eine Auflösung erreichen. Das gleiche trifft für Dichtung und Malerei zu. Du lässt das Gemälde zu dir kommen. Anfänglich siehst du die verschiedenen Elemente in ihrer Sequenz, bis zu einem Moment, in dem alle Elemente zusammenkommen, und du den Gefühlsblitz erfährst, der dich jenseits von Zeit führt.

Schönheit eröffnet sich, wenn die Dinge an ihren Platz fallen. Vielleicht erkennst du das im Satsang. Bei manchen Gelegenheiten erfährst du die darunter liegende Schönheit; du weißt, dass dies auf keinen Fall deine Projektion auf die Situation sein kann, weil du erkennst, dass die Fäden der Situation auf eine Weise verwoben sind, die jenseits der Fähigkeit eines menschlichen Verstandes liegt. Du weißt, woher es wirklich kommt.

- *Es gibt Zeiten, in denen diese Erweiterung auf der Ebene des Bewusstseins, das sich selbst sieht, geschieht. Aber zu anderen Zeiten, in denen die normale Wahrnehmung besteht, scheinen sie von einem darun-*

ter liegenden, größeren Gewahrsein durchdrungen zu sein.

Ja, das passiert auch. Der erste Zugang zum Bewusstsein ist als reines Bewusstsein, aber wenn wir wieder und wieder zu reinem Bewusstsein gehen, wie es im Satsang geschehen kann, bleibt etwas zurück, sogar in der Präsenz der Wahrnehmung: Du behältst Kontakt, sozusagen mit der Leichtigkeit des Seins. Mit der Qualität der Leichtigkeit bleiben Mühelosigkeit und Wohlbefinden bestehen. Gleichzeitig gibt es keine Probleme. Das spiegelt eine natürliche spontane Zuwendung unserer Herzen und Gedanken, sogar unserer Körper nach innen wider, in Richtung der Quelle. Ohne Anstrengung werden die Objekte unserer Wahrnehmung weniger wichtig und wir werden offen für den Moment und dann für das Aroma der Präsenz.

Aber alles, was wir über das Aroma und die Präsenz sagen, ist falsch. Was immer gesagt wird muss in dem Moment absorbiert und dann vergessen werden. Es ist nur Poesie, für den sofortigen Genuss. Erfinde keine Regeln oder Dogmen darüber, dass es genauso geschehen muss und nicht anders. Wir können nie Voraussagen machen. Was in einer Situation perfekt zu gebrauchen ist, kann in einer anderen Situation unangemessen sein, die oberflächlich sehr ähnlich aussieht. Wir müssen damit zufrieden sein, niemand zu sein und in einem Zustand des Nichtwissens zu leben.

Versuche eine Zeit lang ohne Absicht zu sein, denn wenn du einmal einen Geschmack davon hast, ohne Absicht zu sein, wirst du nicht mehr zu der Schwere zurückgehen wollen, in der du mit der Erfüllung von Absichten und mit Zielen, die erreicht werden müssen, gelebt hast. Du wirst nicht für immer versuchen wollen, die erfreuliche Spontanität des Lebens in die Zwangsjacke deiner festen Konzepte zu stecken, gleichgültig wie elegant diese Konzepte sein mögen. Du wirst deine Schuhe ausziehen und die Zwangsjacke deiner Worte und Konzepte ablegen wollen und wie ein Kind in den Wellen spielen, die am Strand des Lebens anrollen. Das Herzstück dieser Versammlungen, die Essenz unserer Treffen, sind nicht die Gespräche. Die Gespräche sind nur ein Vorwand.

7 Die grundlegende Gleichung

- *Was kann ich machen, um den Seher, der nicht gesehen werden kann, ganz und gar zu erkennen?*

Du kannst ganz und gar erkennen, dass es nicht möglich ist, ihn zu sehen.

- *Es gibt einen berühmten Satz, „Der Seher ist das Gesehene." Ist das ein Pfad?*

Ja. Es kann dann ein Pfad sein, wenn du alles so ansiehst, als wäre es du selbst, wenn du die Welt als deinen Körper ansiehst, und wenn du andere Menschen als dein eigenes Bewusstsein betrachtest. Aber sei zuerst überzeugt davon, dass es nichts gibt, was den Beweis erbringt, dass der Seher ein Objekt ist. Verstehe, dass diese Idee von einem Seher als Objekt nur eine Vorstellung ist.

Sobald wir den Seher vom Status eines Objektes befreien, treten wir in eine gänzlich andere Dimension ein. Das Mentale kann nicht wissen, aber der Seher weiß. Das Mentale kann nicht sehen - der Seher sieht sich selbst. Wir müssen den Wunsch aufgeben, den Seher mit dem Mentalen zu sehen.

- *Das Mentale kann mit dem Gesehenen umgehen, und wenn der Seher das Gesehene ist, kann das Mentale dann nicht irgendeine Rolle spielen?*

Das Mentale kann helfen, das Durcheinander aufzuräumen, das es erschaffen hat, aber das Mentale kann nicht den Seher sehen. Der Versuch, den Seher durch das Mentale zu sehen, hält den Seher davon ab, sich selbst zu sehen. Wenn der Seher sich selbst sieht, fühlt sich das wie Frieden und Glücklichsein, wie Wohlempfinden und Weite an, in Abwesenheit jeder Belastung. So erkennen wir den Seher, der sich selbst sieht. Sich als Seher selbst zu sehen ist keine objektive Erfahrung. Die benutzten Worte sind irreführend, weil das Mentale sich sofort ein Ereignis oder eine Erfahrung vorstellt, wenn wir diese Worte benutzen, „Der Seher sieht sich selbst". Der Gedanke kommt auf, „Ich kann den Seher sehen, wie ich die Sonne sehen kann." Wenn der Seher sich selbst sieht, fühlt sich das glücklich an, es fühlt sich wahr und liebevoll an; und umgekehrt, wenn der Seher sich glücklich fühlt oder wahrhaftig oder liebevoll, sieht er sich selbst.

- *Der Seher ist das Gesehene, und du schaust auf das Gesehene und du siehst, dass es geordnet und nicht chaotisch ist; spiegelt das die Natur des Sehers?*

Ja. Ordnung und Harmonie in dem Gesehenen leiten uns zu der Quelle dieser Harmonie, die der Seher ist. Also, wenn es Ordnung und Harmonie auf der Ebene der Objekte gibt, erinnert uns das an die Quelle der Harmonie, der Einheit. Harmonie ist der Schauplatz von Einheit innerhalb der Multidimensionalität, genauso wie in der Musik alle Harmonien das Vielfache einer einzigen Frequenz sind, oder wie der Regenbogen der Schauplatz für weißes Licht ist, zusammen mit dem Spektrum von Farbe. Der Seher ist jenseits von Zeit und Raum, aber jede Trennung der Einheit innerhalb des Reiches von Zeit und Raum hat die Kraft, uns zurück zur Einheit zu bringen, an die die Trennung uns erinnert.

- *Aber wenn wir uns umschauen und Zwietracht sehen, so wie in absichtlichen Massakern von Zivilpersonen im Laufe eines Krieges - bringt uns das zurück zur Einheit?*

Hier muss man eine Unterscheidung machen. Beides, Zwietracht und Harmonie bringen den Seher zum Vorschein - als den Seher des Gesehenen, als die Quelle.

Aber Zwietracht bringt den Seher auf eine passive Weise zum Vorschein; Harmonie, Liebe und Schönheit bringen uns auf eine aktive Weise zum Seher zurück, zur Einheit.

- *Würdest du sagen, dass Harmonie wie ein Kunstwerk ist, anders als einfach nur ein gewöhnliches Objekt?*

Genau. Es ist genauso verschieden wie sich eine Aussage, die aus der Wahrheit kommt, von einer Rede Adolf Hitlers unterscheidet.

- *Ich habe eine vage Erinnerung an Jesus, der gefragt wurde, warum ein spezieller Mann vom Unglück heimgesucht wurde - er war entweder blind oder verkrüppelt. Und Jesus gab sinngemäß die Antwort, dass das geschah, damit die Größe Gottes offenbar werden könne. Hat Unvollkommenheit also eine tiefere Bedeutung? Ist sie nur zufällig oder gibt es eine tiefere Bedeutung darin?*

Was im Frühstadium als Unvollkommenheit gesehen wird, kann als ein Ausdruck von Perfektion in einer späteren Phase erkannt werden. Wenn wir uns der Spiritualität öffnen, sehen wir Gott in mehr Menschen, an mehr Orten und in mehr Objekten. Das, was uns ermöglicht, Gott überall zu sehen, ist einfach die Offenheit für diese Möglichkeit. Am Anfang ist es schwer, für die Möglichkeit offen zu sein, dass der Bulle, der uns einen Strafzettel gibt, Gott ist, und dass er in diesem Moment ein Ausdruck von Gnade ist.

Wir können das zu einer Übung machen: Versuche Gott in jedem Moment, in jeder Situation und in jedem Wesen zu sehen.

- *Und das zwingt Gott dazu, sich zu zeigen?*

Ja. Wenn wir wirklich für die Möglichkeit offen sind, dass jede Situation in unserem Leben eine Gelegenheit für Gnade ist, wird Gnade durch die Situationen hindurch scheinen, immer.

- *Ist das ein anderer Aspekt für die Aussage, dass der Seher das Gesehene ist?*

Ja. Normalerweise schauen wir aus dem Blickwinkel heraus, dass der Traum wirklich ist. Das ist die zugrunde liegende Verzerrung.

- *Hat diese Aussage, dass der Seher das Gesehene ist, die gleiche Bedeutung wie die andere große Gleichung, dass Atman Brahman ist?*

Ja.

- *Gut, wenn Atman dasselbe wie Brahman ist, dann macht es für mich keinen Sinn zu beschreiben, was als Illusion oder als ein Traum angesehen wird. Das scheint zu bedeuten, dass Brahman eine Illusion ist.*

Das, was eine Illusion ist, ist die Unterscheidung zwischen dem Seher und dem Gesehenen, der Glaube, dass das Gesehene getrennt vom Seher existiert, dass Brahman unterschiedlich ist von Atman.

Was wir übrigens unter Brahman verstehen, ist nicht die Summe aller Phänomene; vielmehr ist das die Realität, die allen Phänomenen zugrunde liegt. Brahman ist die endgültige Realität der Welt. Die endgültige Realität von dem, was wir „ich" nennen, von uns selbst, ist Bewusstsein, Atman. Die grundlegende Gleichung ist: die endgültige Realität der Welt und die endgültige Realität von dem, was wir sind, ist dasselbe. Das ist nur natürlich - wir sind Teil der Welt.

- *Die Gleichheit zwischen Atman und Brahman bezieht sich auf die Präsenz in diesem Moment - ist das korrekt?*

Ja.

- *Manchmal trifft man auf das Wort Parabrahman. In welcher Beziehung steht das zu dem jetzt hier?*

Das bedeutet, dass es da keinen Unterschied gibt. Wenn ich eine Unterscheidung zwischen Shiva, als Schöpfer, und Shakti, als die Schöpfung, mache, gibt es immer noch Dualität. Die Auflösung dieser Dualität ist Parabrahman. In dieser Auflösung gibt sich Shiva selbst in Shakti hinein. Es ist wie ein Banyansamen, der zu einem riesigen Baum heranwächst. Der große Baum ist die Manifestation, Shakti. Der winzige Samen, der unsichtbare Samen, steht für den Ursprung, Shiva. Es ist nicht so, dass Shiva und Shakti unabhängig voneinander existieren, sondern Shiva wurde zu Shakti, und dann wird Shakti zu Shiva. Das meint Jesus, wenn er über das Licht spricht und sagt, „Es ist Bewegung und Ruhe." Die Bewegung ist Shakti und die Ruhe ist die Präsenz.

- *Was ist das? Was meinte Jesus damit, wenn er hier über Licht spricht?*

Das Licht steht für das Absolute. Die Frage war, „Und wenn sie fragen, ´Was ist das Licht`, was sollen wir sagen?" Und Jesus antwortete, „Sagt ihnen, dass es Bewegung und Ruhe ist." (Thomas Evangelium, Essener) Er meinte das Absolute - das, dessen Kinder wir sind, das, was wir lieben, das, was unser Ursprung und unser Ende ist. Es ist immer dasselbe und trotzdem ständig neu in jedem Moment. Das ist wie du. Du bist immer derselbe gewesen, aber seit ich dich kennen gelernt habe, hast du dich verändert. Du bist viel weicher geworden, und du fühlst dich wohler mit dir selbst. Aber du warst immer derselbe.

Mit dem Mentalen können wir nur bis zu einem bestimmten Punkt gehen. Wir können erkennen, dass unsere früheren Glaubenssysteme einfach nur Glaubenssysteme waren, auch wenn wir sie für wahr hielten, und wir können unsere darauf folgende Befreiung von ihnen sehen. Weiter können wir nicht gehen. Jenseits davon kann uns nur die Gnade bringen. Wenn wir mit dem Glauben an Trennung verhaftet sind, sind wir in einer Position, in der wir die Einladung ablehnen. Das, was uns über das Mentale hinaus bringt, ist nicht das Wesen des Mentalen.

***

- *Es gibt da etwas, das ich versuche herauszufinden. Nachdem ich unserem Gespräch gefolgt bin, scheint das richtige Verständnis vom Mentalen zu sein, dass es nur ein Werkzeug ist, das vom Bewusstsein benutzt wird. Das ist alles, was es ist, einfach nur ein Werkzeug. Also hat es nicht wirklich ein unabhängiges, eigenes Leben.*

Tatsächlich gibt es kein Mentales. Niemand hat jemals etwas Mentales gesehen. Psychologen sprechen die ganze Zeit vom Mentalen, aber sie haben es nie gesehen.

- *Gut, ich vermute, dass ich als Psychotherapeut wenigstens vorgeben muss, dass das Mentale da ist. Ich würde das aber gern aus einem anderen Blickwinkel betrachten. In diesem Dialog sagen wir Dinge wie, „Wir tun dies und das, und das Mentale tut dies und das". Ich nehme an, dass wir nur gewohnt sind das anzunehmen und aus Gewohnheit so darüber sprechen.*

Genau. Das ist genauso, wenn wir sagen, dass bestimmte Situationen für die physische Ebene gelten, dass Gravität diesen Effekt hat oder dass die elektromagnetische Kraft jene Auswirkung hat.

- *Du hast vorher gesagt, dass in Wirklichkeit Bewusstsein sich selbst sieht, wann immer Liebe erscheint oder Schönheit oder Glück. Meinst du damit, dass jedes Mal, wenn wir etwas Liebe erleben oder etwas Schönheit oder etwas Glück, dass dann Bewusstsein sich selbst kennt?*

Ja, jedes Mal - aber gewöhnlich durch den Schleier der Unwissenheit.

- *Gut, o.k., ich kann das akzeptieren. Es ist etwas, was außerhalb der Zeit geschieht.*

Aber weißt du, normalerweise denken wir, dass Liebe von der Person, die wir lieben, verursacht wird. Und wir denken gewöhnlich, dass Schönheit und Glück von einem speziellen Objekt, einem Glücksfall oder von jemandem, der wirklich nett zu uns ist, erzeugt wird. Ist das einfach nur ein üblicher Fehler zu denken, dass Liebe und Glück von etwas in der Zeit herrühren, von irgendetwas, das geschehen ist, kurz bevor uns die Liebe oder das Glück überschwemmt?

Ja, das ist der übliche Fehler. Wir denken, dass es ein Ergebnis von einem äußeren Objekt sei.

- *Es gibt noch etwas anderes, und ich wäre dir sehr verpflichtet, wenn du mir helfen könntest, das zu verstehen. Also, gewöhnlich wollte ich, dass die Situation anhält, wenn ich in einer Situation war, in der Liebe erblühte. Oder ich wollte es besitzen und festhalten, wenn ich bei etwas, das mir begegnete, dachte, „Ah, das ist wunderschön!". Da ich immer dachte, dass Lie-*

be oder Schönheit nicht in mir seien sondern außerhalb von mir, dachte ich, dass ich sie erwerben müsste.

Aber jetzt bin ich bereit zu denken, dass Liebe und Schönheit innen in mir sind, und es nicht so wichtig ist, sie von außen zu bekommen. Aber ich genieße immer noch diese Dinge, diese wunderschönen Dinge und diese liebenswerten Menschen.

Ich weiß nicht einmal, ob es in all dem eine Frage gibt. Kannst du irgendetwas Hilfreiches dazu sagen?

Das ist Teil der Feier. Wenn du irgendwo Schönheit erfährst, wirst du davon angezogen. Wenn du einen Abendspaziergang machst und an einem Haus vorbei gehst, in dem alle Lichter an sind und Fenster und Türen offen stehen, und Musik und Gelächter hinaus in die Nachtluft strömen, dann willst du an der Party teilnehmen. Dieser Wunsch zu feiern ist normal. Die Anziehung in Richtung Liebe ist normal.

In dem Moment, in dem klar wird, dass Liebe nicht *in* dem Objekt, dass Schönheit nicht *in* dem Objekt ist, sind wir frei von dem Objekt und in der Lage, es für die Feier zu benutzen. Aber da wir nicht an ihm anhaften, berührt uns sein Verlust nicht; wir fühlen weder Frustration noch Ärger - es gibt immer genug andere Objekte.

Es ist wichtig, einen Geschmack von grundlosem Glück zu haben - ein Glück, das nicht auf irgendein Objekt zurückgeführt werden kann, so wie die besondere Note, die wIr In unseren Versammlungen finden. Alle von uns sind gewöhnliche Leute, aber wenn wir zusammen sind, erscheint dieses wundervolle Aroma und demonstriert, jenseits allen Zweifels, dass das, nachdem wir suchen, nicht in Objekten sondern in unserem eigenen Herzen zu finden ist.

***

- Manchmal ist jemand glücklich wegen der Aussicht, dass etwas passiert. Ist das auch ein Fall von Bewusstsein, das sich selbst sieht?

Glück entsteht nicht, weil wir etwas Angenehmes erwarten. Wir stehen vielleicht vor einem Hindernis und plötzlich ist das Hindernis verschwunden. Wir erfahren Erleichterung und einen Glücksmoment, weil wir ein Wunschobjekt schon teilweise errungen haben. Also der Mechanismus, der ins Spiel kommt, ist der gleiche, der momentanes Glück hervorruft, wenn wir ein Wunschobjekt erreichen. Aber die Sehnsucht nach Objekten ruft kein Glück hervor; die Sehnsucht nach Gott erschafft Glück.

- Also entsteht Glück nicht aus der Befriedigung des Egos?

Nein. Sei sicher, dass das Aroma deiner wahren Natur sich selbst entfaltet, wann immer du Glück erfährst. Du kannst dich verbeugen und dankbar sein, aber verstehe, dass das Objekt kein notwendiger Teil des Prozesses war. Wenn du dich verbeugst, bedeutet das, dass du den korrekten Schluss gezogen hast: Das Objekt war nicht die Quelle des Glücks. Es bedeutet, „Ich erkenne Dich als die Quelle meines Glücks, und ich verbeuge mich vor Dir."

***

- Ich erfahre oft Glück durch die Schönheit der Natur, und manchmal habe ich gedacht, dass ich vielleicht der Natur verhaftet bin. Aber seit du gesagt hast, dass diese Objekte der Schönheit einfach nur in die Richtung der wirklichen Quelle des Glücks zeigen, lösen sich die Bande der Verhaftung an die Objekte auf. Und *ich weiß, dass die Objekte nicht länger bestehen, wenn ich sterbe, aber es bleibt noch eine Nostalgie, eine Sehnsucht.*

Das ist deshalb so, weil du Zweifel hast. Du bist bereit, das theoretisch zu akzeptieren, aber in deinem Herzen glaubst du immer noch, dass das Glück, das mit den Objekten verbunden ist, besser ist als das, was du in ihrer Abwesenheit erfährst. Das ist Unwissenheit. Die Freude, die ohne Bedürfnis nach Objekten existiert, ist sehr viel besser. Du bist nicht mit dem wohligen Gefühl vertraut, das aufkommt, wenn alle Dinge in ihren Ursprung verschwinden, aus dem sie erschaffen sind. Du bist nicht mit der Herrlichkeit und Liebe davon vertraut. Du bist nicht von der Sehnsucht danach erfüllt.

***

- Ich möchte nach Ramana Maharshi fragen. Wie ich verstehe, hat er erst wirklich verstanden, was geschehen war, als ihm einige Bücher über Advaita gegeben worden sind, obwohl er vorher ein machtvolles und transformatives Erwachen erlebt hat.

Als Ramana Maharshi die Advaita-Texte gelesen hatte, entdeckte er die perfekte Formulierung seiner Erfahrung. Aber hier machen wir das in umgekehrter Reihenfolge. Wir gehen von der richtigen Formulierung zu der Erfahrung.

Im Satsang haben wir durch Gnade eine Ahnung von Wahrheit, und wir machen die Erfahrung von höherem logischen Denken. Wir befinden uns in sehr tiefen Gedankenprozessen über diese Angelegenheiten, und all das geschieht spontan. Die Formulierung, die wir erreichen, wird einfacher und einfacher. Anstelle eines langen Prozesses zwischen dem ersten Erscheinen des Gedankens über die Wahrheit und seiner Auflösung in die Erfahrung von Wahrheit hinein, ist das Ende schon am Anfang gegenwärtig. Du denkst über die Wahrheit nach und du bist Wahrheit.

8 Wiege das Mentale in den Schlaf

- *Ich möchte wissen, ob ich folgendes korrekt verstehe: obwohl gewisse Objekte, speziell Objekte von Schönheit, wertvoll sein können, weil sie einen zur Wahrheit führen können, sind Objekte doch nicht wirklich wertvoll an sich. Und im natürlichen Zustand lösen sich Objekte in der Wahrheit auf. Und dann, nachdem diese Objekte sich im Bewusstsein aufgelöst haben, erscheinen sie wieder als etwas Wertvolles, weil dann das, was gesehen wird, auch der Seher ist. Ich glaube, das ist das, worauf Ochsen Bilder des Zen hinweisen.*

Zen weist darauf hin, dass es einen Punkt der Auflösung gibt, an dem die mentalen Konzepte vergessen werden müssen.

Da das Mentale keinen Zugang zu Frieden und Verständnis hat, muss es abdanken und in Nicht-Wissen verweilen, und es muss akzeptieren, dass es nicht wissen kann. Das Aroma ist jenseits des Mentalen. Das Mentale sucht nach Ruhe, aber es ist dieses Nach-Ruhe-Suchen, was das Mentale davon abhält, in Ruhe zu sein.

Das Mentale kommt nicht durch Versuche zur Ruhe, es mit einem Willensakt einzustampfen; es kommt durch Verständnis zur Ruhe. Das Verständnis ist, dass das Mentale ein klares Bild der Wahrheit begehrt hat, und das klare Bild der Wahrheit ist, dass das Mentale kein klares Bild der Wahrheit haben kann. Wenn dieses Suchen trotzdem bestehen bleibt, ist es wichtig zu erkennen, dass dieses Suchen nicht mehr als der Rest einer alten Gewohnheit ist. An diesem Punkt verschwindet das Suchen auf natürliche Weise, ein für alle Mal. Wenn das Mentale letztendlich in Ruhe ist, gibt es weder Buddhismus, noch Advaita noch Zen. Noch sind da irgendwelche Ochsen.

- *Du sagst, dass das Mentale Ruhe sucht...*

Es sucht verzweifelt nach Ruhe.

- *Ich habe Leute zu verschiedenen Zeiten getroffen, die etwas gesagt haben wie, „Sei einfach nur im Jetzt, dann wirst du keine Fragen haben." Aber das scheint nicht so natürlich und so spontan zu sein, wie den Fragen Ausdruck zu geben, wenn sie auftauchen.*

Wie ich gerade gesagt habe, ist es zu drastisch zu versuchen, das Mentale zu zerschlagen. Es muss durch Verständnis zu einer natürlichen Ruhe kommen. Aber es könnte sein, dass selbst mit Verständnis ein Rest von Erregung des Mentalen bestehen bleibt. Das zeigt an, dass das Mentale immer noch versucht, ein Bild dessen zu formen, was jenseits von Konzepten ist. Wir müssen diesen Mechanismus bemerken.

- *Wenn die Frage auf ihre Antwort trifft, gibt es da ein Loslassen von dem, was man eine Verortung des Mentalen nennen könnte?*

Du könntest es ein Loslassen von einem Glaubenssystem nennen.

***

- *Ich habe eine Frage über den freien Willen. Es scheint mir, dass es aus dem Blickpunkt des Bewusstseins freien Willen gibt. Und aus eigenem freien Willensakt heraus haben wir entschieden, Spaß zu haben und die Identität dieser Person zu übernehmen. Aus der Sicht dieser Person mag es keinen freien Willen geben, aber vom Standpunkt dessen aus, was wir wirklich sind, ist freier Wille offensichtlich.*

Ja. Von diesem Standpunkt aus gibt es Freiheit.

***

- *Noch eine weitere Frage. Was mache ich, wenn ich nach Hause gehe? Fast jeder, mit dem ich in Kontakt komme, ist gewohnt, vom Standpunkt einer Person heraus zu antworten. Und es ist leicht für mich, in die gleiche Gewohnheit zu fallen. Um auf ihre Persönlichkeit zu reagieren, werde ich zu einer Person. Sie erzählen einen Witz, der auf der Zusammenfassung der Realität einer Person beruht. Und ich lache darüber und falle tief in die Persönlichkeit. Ich würde da lieber nicht hingehen, weißt du, aber es ist eine leichte Sache, da hineinzufallen. Hast du irgendeinen Vorschlag?*

Gehe dahin, ohne dahin zu gehen. Gehe dahin, während du bleibst, was du bist. Triff sie, wo sie sind, ohne zu verlassen, wo du bist. Mit anderen Worten, du kannst das Spiel spielen und wissen, dass es ein Spiel ist. Dein Vorteil ist, dass du weißt, dass es ein Spiel ist.

- *Das ist sicherlich in Bezug auf Psychotherapie wahr. Die Fragen, die ein Therapeut gestellt bekommt, kreisen alle um das Leiden herum, eine Person zu sein. Das ist ein altes Spiel. Du leidest, weil du immer noch den Schmerz als Folge des Liebesentzugs als Kind mit dir herum trägst. Du entspannst dich ein wenig, weil du jetzt Liebe bekommen kannst, obwohl du immer noch eine Person bist. Aber letztendlich verzweifelst du, weil du von der Persönlichkeit nicht frei kommen kannst. Du arbeitest dich hinauf in die Verzweiflung.*

Psychologie ist hoffnungslos, aber wenn du zugibst, dass sie hoffnungslos ist, wirst du nicht viele Klienten haben. Darum musst du ein bisschen doppelzüngig sein. Verbirg vor deinen Klienten die Tatsache, dass du nicht wirklich

Psychologie machst; das, was du machst, ist, sie zu deiner Freiheit zu bringen. Was du machst, muss sich aus den Umständen heraus entwickeln, und ich kann dir nicht im Voraus sagen, wie das zu machen ist; es wird sich immer im Moment entfalten. Du musst sehr vorsichtig sein, das ist ein heißes Eisen. Noch mal, die Umstände und deine eigene Meditation werden dir sagen, was du zu sagen und nicht zu sagen hast. Eine Faustregel besagt, nichts offensichtlich Spirituelles zu sagen. Wenn du der Situation erlaubst, dich zu führen, wird eine einfache verständliche Form der Worte in normaler Sprache erscheinen, die einen befreienden Einfluss hat. Wenn in dem Verlauf dieser Interaktion etwas von einer wirklich spirituellen Natur zum Vorschein kommt, wirst du es wissen, du wirst es sehen.

- *Es geschieht oft, dass sich an dieser Stelle für den Klienten die Tür zum Spirituellen öffnet.*

Es handelt sich darum, eine sehr heikle Tür zu öffnen. Bleibe im Nichtwissen.

***

- *Meine Frage hat damit zu tun, ein Objekt oder einen Gedanken in Hingabe dem zu übergeben, in dem sie auftauchen. Ich finde, dass Denken oft eine zwanghafte Qualität hat, ein Gedanke kommt zum anderen. Wenn ich das beobachte, erinnere ich mich daran, dass das einfach Gedanken sind, und ich versuche, sie dem hinzugeben, in dem sie auftauchen. Was es schwierig macht, ist, dass ich nicht sicher bin, was „Hingabe" bedeutet.*

Das Wort „Hingabe" wird gebraucht, um auf das Aufgeben des Denkers hinzuweisen.

Diese Gedanken drehen sich um die Illusion von einem „Ich". Also solange diese Ich-Vorstellung ungehindert bestehen bleibt, wird sie nicht nur weiterhin dieses Karussell von Gedanken erschaffen, sondern noch eine andere Aktivität fördern - den Versuch, dieses Kreiseln von Gedanken zu beseitigen.

Also wenn verworrene Gedanken auftauchen - und mit verworrenen Gedanken meine ich Gedanken, die sich um die „Ich" Vorstellung drehen - müssen wir das „Ich" untersuchen. Frage, wer sie ist oder was sie ist, diese angeblich getrennte Person. Und obwohl wir vielleicht schon verstanden haben, dass es keine getrennte Person gibt, sollten wir zu diesem Verständnis zurückgehen, so oft es nötig ist, und beobachten, was mit den Gedanken geschieht, die zwanghaft auftauchen. Wir finden vielleicht heraus, dass ihre gesamte Versorgungsleitung abgeschnitten wurde. Oder wir entdecken vielleicht, dass ein schwacher Rest von verworrenen Gedanken weiterhin erscheint, nur aus Gewohnheit. Diese Gedanken können wir an den Raum hingeben, in dem sie erscheinen, was bedeutet, dass wir unseren Fokus der Aufmerksamkeit auf den Raum lenken, weg von den Gedanken. Das ist nur möglich, wenn wir mit den Gedanken nicht verhaftet sind, nur wenn wir nichts mit ihnen machen wollen, nur wenn es uns gleichgültig ist, wie sie sich entwickeln oder ob sie aufhören oder nicht. Dann sind wir frei von ihnen.

Aber entdecke zuerst, was im Kern dieser Gedanken liegt, das „Ich", und dann frage, „Was ist dieses Ich?"

- *Ich mache diese Untersuchung, „Was ist dieses Ich?" Und wenn ich das mache, werden mir die physischen Kontraktionen sehr bewusst, die Orte hinter den Augen, sowas.*

Ja, und „sowas" ist ein Objekt, es ist nicht das, was du bist, richtig? Weil das, was du bist, sich „sowas" bewusst ist.

Wenn wir die Frage stellen, „Was bin ich?" endet der Denkprozess und die Meditation beginnt. Wir gehen stromaufwärts in Richtung auf die Quelle und begegnen den Kontraktionen und Anspannungen im Körper, die das Pseudo-Ich erschaffen, welches wiederum all die zwanghaften Gedanken und Leid hervorrufen.

Sobald wir diese Anspannungen klar sehen, diese Verortungen, sind wir dem Bereich des Denkens entkommen, und wir treten in das Reich der Körperempfindungen ein. Wir können das gleiche mit diesen Empfindungen machen, wie wir es mit den Gedanken gemacht haben: Wir übergeben sie dem Raum, in dem sie erscheinen. Wenn wir einmal verstanden haben, dass wir nicht diese Knoten von Körperempfindungen sind, dann brauchen wir uns nicht mehr um sie zu sorgen, wir versuchen nicht einmal mehr, sie zu eliminieren. Wir werden nicht in sie verwickelt, sie sind einfach nur Teil der Landschaft. Und wohin bringt uns das? In das Jetzt, in die Präsenz. Aber im nächsten Moment könnte die zwanghafte Verwicklung mit Empfindungen zurückkommen, - was ich „feelingness" - Fühlen - nenne -, und wir müssen auf die gleiche Weise unbeteiligt werden. Aber schließlich wird sich etwas verändern.

Wir haben nun die körperlichen Knoten und Kontraktionen erkannt, die das Pseudo-Ich erschaffen haben und die unserem zwanghaften Denken zugrunde liegen - was ich „thinkingness" - Denken - nenne. Der Grund, weshalb wir diesen Prozess weiterhin erlauben, ist einfach nur, dass er uns gefällt. Wenn wir erst einmal diesen Prozess klar sehen und erkennen, dass er uns gefällt, können wir wählen, ob wir in dem Prozess, in dem „thinkingness", bleiben möchten.

***

- *Ich bin verwirrt über den Gebrauch des Wortes „Herz".*

Es ist poetisch.

- *Aber ich habe ein echtes Gefühl in der Brust.*

Das Gefühl in der Brust ist nicht dein wahres Herz. Dein wahres Herz ist dein Bewusstsein, dein wahres Zentrum. Wenn ich die Untersuchung von „Was bin ich?" durchführe, suche ich nach der Essenz, dem Kern. Wenn ich diese Untersuchung mache und dabei eine Körperempfindung wahrnehme, zum Beispiel im Kopf, ist es offensichtlich, dass diese Empfindung nicht mein Kern ist, weil es in dem erscheint, was ich bin. Dasselbe gilt auch für das Gefühl in der Brust; das ist auch nicht mein Wesenskern, es ist einfach eine weitere Erscheinung, die in mir aufkommt. Die Gegend um die Stirn herum ist das Pseudo-Zentrum der Gedanken und der Brustbereich ist das Pseudo-Zentrum der Gefühle.

- *Meine Erfahrung von Liebe ist ein örtliches Gefühl, von dem ich abhängig werde. Ich will nicht, dass es verschwindet.*

Dein wahres Zentrum ist das, was gibt, nicht das, was ergreift. Wahre Liebe möchte nichts für sich selbst.

***

- *Ich habe dich zwei Worte in einem Satz gebrauchen hören, wohlwollend und Gleichgültigkeit. Das hatte eine sehr tiefe Wirkung auf mich. Gewöhnlich, wenn ich meditiere, verurteile ich mich andauernd dafür, dass ich nicht genug fokussiert und zielstrebig bin. Aber seit ich diesen Satz von dir hörte, „wohlwollende*

Gleichgültigkeit", kommt der Satz immer wieder mitten in meinen Selbstvorwürfen zu mir zurück, und ich kann sie einfach loslassen. Ich hatte bemerkt, dass fast alle meine inneren Monologe eine Form von Fragestellung sind, sogar die Behauptungen, aber seit mir die wohlwollende Gleichgültigkeit bekannt ist, erkenne ich, dass ein Element von Liebe und Akzeptanz in diese Untersuchung eingedrungen ist.

Ja. Wir sollten uns keine Vorwürfe machen, wenn wir uns Fragen stellen und uns Antworten geben. Wir sollten diese Praxis mit Wohlwollen betrachten, als eine Funktion der lebendigen Wahrheit.

***

- *In Bezug auf Ebenen: Wenn ich eine tiefere Ebene in mir erreiche, und ich kurz davor bin, durchzubrechen, scheint es, dass mein Mentales sich so sehr entspannt, dass es fast einschläft. Dies ist nur ein sanftes kleines Gefühl, das total glücklich ist, die Dinge sein zu lassen. Das ist ganz anders als durch Angst oder Wut auf etwas zu zusteuern.*

Es ist interessant, wenn das Mentale schlafen geht und du wach bleibst. Wiege das Mentale in den Schlaf.

- *Ich habe nichts gegen diese Idee.*

In solchen Momenten spielt es keine Rolle, ob das Mentale arbeitet oder nicht. Das Mentale hat eine allerletzte Anstrengung gemacht, um die Wahrheit zu verstehen, und ist dann erschöpft. Es ist nahe daran an der Erkenntnis, dass es nicht verstehen kann, und es ist kurz davor aufzugeben. Also lass es Ferien machen.

- *Manchmal bin ich mir dessen bewusst, dass mein Mentales die Anstrengung aufgibt zu versuchen, etwas durch das Denken zu verstehen. Dann verurteile ich es, und ich versuche dem Mentalen dadurch zu helfen, dass ich das nächste Mal starken Kaffee trinke, wenn ich zum Satsang komme. Heute Morgen habe ich eine verschreibungspflichtige Medizin gegen Aufmerksamkeitsmangel eingenommen. Denkst du, dass es eine gute Idee ist, das Mentale zu schärfen und damit seine Qualität der Unterscheidung auf solch einen verfeinerten Stand zu bringen, damit das Mentale verstehen wird, dass der Job zu groß für es ist?*

Die perfekten Umstände, die Wahrheit zu verstehen, sind die Umstände, die genau in diesem Moment zur Verfügung stehen. Zu versuchen, deine Fähigkeit der Unterscheidung zu schärfen, würde bedeuten, das Verständnis hinaus zu schieben. Dieses Verständnis kann nicht vom Mentalen festgehalten werden, gleichgültig, wie sehr das Mentale das gerne tun würde. Alles was wir tun können ist, die Wahrheit zu leben, was außerordentlich befriedigend ist. Lebe sie ohne sie festzuhalten. Sie hält sich selbst.

Mach dir keine Sorgen über die Umstände; jegliche Umstände sind perfekt. Wenn du krank bist und in deinem Krankenhausbett liegst, ist das eine perfekte Situation, um mit der Wahrheit zu sein. Wenn du dich in der intensivsten Freude befindest, der köstlichsten Freude, ist das auch die perfekte Situation.

Also mach dir keine Sorgen um das Aussetzen der Klarheit. Es ist wichtig, dass du die Suche nach der Wahrheit liebst. Du liebst die Suche nach der Wahrheit wirklich, wenn Gedanken über die Wahrheit in dir oft und spontan auftauchen.

Akzeptiere deine Lebensumstände vollkommen. Erachte sie nicht als Hindernis, die Wahrheit zu finden. Je mehr du dich in die Liebe verliebst desto mehr wird sich dein

Leben entwickeln. Die Umstände sind nicht in Stein gemeißelt. Liebe für das Höchste hat große transformative Kraft.

Wenn wir befürchten, dass wir nicht hierher gehören, sind wir in der Angst gefangen und unser Verhalten wird seltsam. Wenn wir in Gott verliebt sind, gehören wir überall hin. Das bewirkt tiefe Entspannung und ein Verhalten, das normal erscheint.

- *Francis, du hast vorher über Fragen und Antworten gesprochen. Im Grunde genommen scheint das so, als ob wir Satsang für uns selbst geben.*

Ja.

- *Vielleicht geschieht dabei folgendes: Du als Bewusstsein sprichst mit den Kontraktionen, die sich gebildet haben, als sich das Bewusstsein entschieden hat, sich mit einer Person zu identifizieren. Es scheint so, als ob Bewusstsein den Prozess der Identifikation umdreht.*

Es gibt eine Einsicht im Mentalen, die von jenseits des Mentalen kommt und die normalen Fähigkeiten des Mentalen, wie logisches Denken, Vernunft und so weiter nutzt. Diese neue Bewegung des Mentalen ist kraftvoll, weil sie aus einer Quelle der Sicherheit kommt, der Wahrheit. Vor der Begegnung mit der Wahrheit stand das alte Glaubenssystem stolz am Strand und gab vor, eine Sandburg zu sein. Nun ist es nur Sand, der darauf wartet von einer Welle der Wahrheit, die auf ihn zusteuert, weg gewaschen zu werden.

- *Es scheint, dass ein Rest eines Glaubens an die Realität einer Person mit dem Wissen um die Wahrheit koexistieren kann.*

Ein Glaube ist ein Gedanke, ein Konzept, dem etwas hinzugefügt wurde. Dieses Etwas ist unsere Verhaftung damit, unsere Beteiligung daran, das, was uns glauben lässt, dass das wahr ist. Die Quelle der Wahrheit trennt das Konzept von dem, was hinzugefügt wurde. Das Konzept selbst, wenn es nicht verteidigt wird, wird als das gesehen, was es ist - nichts als ein Konzept ohne jede Substanz. Dann verschwindet es, und das, was hinzugefügt wurde, geht dahin zurück, wo es hingehört.

- *Befinden sich Weise selbst manchmal im Griff von Reaktionen, die auf Glaubensresten an eine persönliche Wirklichkeit beruhen? Gehen sie durch diesen Prozess von Fragen und Antworten?*

Die Antwort ist „nein" auf die erste Frage und „ja" auf die letztere. Wenn eine Intuition erscheint, zeigt sie sich vielleicht zuerst als Frage. Die Frage könnte sein, „Was ist die Verbindung zwischen diesem und jenem?" Und nach einer Wartepause erscheint die Antwort, und ruft große Freude hervor. Dieser Prozess geschieht vielleicht im Fall eines Weisen. Die Bezeichnung Weiser meint nur, dass es keine Verhaftung gibt mit dem Konzept, eine Person zu sein.

Als ich glaubte, eine Person zu sein, habe ich vielleicht bestimmte Glaubenssysteme um dieses Lieblingskonzept aufgebaut. Später, wenn der Glaube daran, dass ich eine Person bin, verschwindet, bleiben vielleicht einige Reste bestehen. Aber jetzt, wie ich bereits sagte, sind sie wie Sandburgen am Strand, ohne Schutz gegen die Wellen der Wahrheit. Sie sind ungeschützt und aufgelöst; das ist der Prozess der „Stabilisierung" oder „Selbst-Realisierung". Es erreicht einen Moment, an dem der Strand erfolgreich von den Resten der Glaubensburgen gereinigt wurde. Selbst dann ist die kreative Funktion des Mentalen noch lebendig. Es gibt immer noch Raum für elegantere, poetischere Ausdrucksweisen und für tiefere, noch eingehendere Verständnisse. Der Fluss der Kreativität wird nie anhalten, weil Gott unendlich ist.

Der Wendepunkt im Verstehen der Wahrheit ist erreicht, wenn das Elend schließlich besiegt ist und den Weg für die Feier freigibt.

9 Du hast eine Wahl

- *Ich habe mich gefragt, wie bei dem Henne-und-Ei-Problem, was zuerst kommt, meine Identifikation mit Qualitäten - Konditionierung - oder mein Gefühl von Trennung? Ich habe mich gefragt, ob mein Gefühl von Identifikation meinem Sehen der Einheit und meiner wahren Natur im Wege steht?*

Es ist keine Henne-und-Ei Situation. Diese Faktoren sind die beiden Seiten derselben Münze; du kannst nicht die eine ohne die andere haben. Das Gefühl von Trennung besteht nur, wenn du die Einheit nicht siehst, und wenn du die Einheit nicht siehst, gibt es ein Gefühl von Trennung. Logischerweise sind es nicht zwei. Wenn die zwei Phänomene immer zusammen auftauchen, gibt es nicht wirklich zwei, es gibt nur eins.

- *Ich habe große Anstrengungen gemacht, diese Einheit zu finden. Ich habe sie gesehen, aber ich glaube, dass es darum geht, sie zu kennen. Ich versuchte sie zu finden oder sie zusammenzusetzen wie ein Puzzle, aber das schien nicht zu funktionieren. In Zeiten des Nichts-Tuns - und diese Momente von Nichts-Tun sind selten - scheint das alles o. k. und klar zu sein. Darum frage ich mich was es bedeutet, die absolute Wirklichkeit zu kennen.*

Das, was die Realität sieht, ist die Realität selbst. Was uns davon abhält, die Realität oder Einheit zu sehen, ist der Glaube daran, dass wir ein getrenntes Wesen sind. Der grundlegende Fehler ist die Identifikation des Bewusstseins, dessen, was sieht, mit einem Objekt, das gesehen wird, wie der Körper und das Mentale. Das, was du wirklich bist, ist das, was diese Worte hört, genau in diesem Moment. Das, was diese Worte hört, wird weder gehört noch gesehen noch ist es ein Gedanke. Aber trotzdem wurden wir gelehrt und so konditioniert zu glauben, dass das, was wir sind, ein Objekt ist, das gehört, gesehen oder gedacht wird.

Wir wurden auch gelehrt zu glauben, dass dieses Bewusstsein persönlich und begrenzt ist, und dass jede Person mit einem privaten und getrennten Bewusstsein ausgestattet ist, so dass es viele Bewusstseine gibt. Wir haben nie in Erwägung gezogen, dass es leicht ist zu erkennen, dass zwei Objekte getrennt sind, weil es möglich ist, ihre Grenzen und Begrenzungen zu sehen, es aber indessen nicht möglich ist, irgendwelche Grenzen oder Begrenzungen des Bewusstseins zu finden.

Wir haben nie gefragt, „Auf welche Weise hat die Trennung von Objekten irgendeine Bedeutung für die Frage, ob Bewusstsein Grenzen und Begrenzungen haben kann oder nicht? Wie kann ich herausfinden, dass das, was nicht von den Sinnen wahrgenommen werden kann, was kein Sinnesobjekt ist, Begrenzungen hat? Was ist der Beweis dafür, dass es begrenzt ist? Was ist der Beweis für den Glauben, dass ich *ein* Bewusstsein habe und du ein anderes?"

Durch diese Art von Nachdenken befreien wir uns von alten Überzeugungen, die nur Überzeugungen sind. Überzeugungen enthüllen, obwohl generell akzeptiert, dass sie nicht haltbar sind, wenn sie genau untersucht werden.

- *Ich vermute, dass es dieser Prozess ist, nach dem Beweis zu suchen, der manchmal ein Hindernis aufbaut.*

Ich würde noch etwas zur Antwort auf deine Frage hinzufügen. Wir kennen Momente, in denen wir so entspannt sind, dass wir aufhören zu suchen, und dann haben wir eine Ahnung von Frieden. Wir haben aber auch eine Ahnung davon, wenn wir den Gedanken über Bewusstsein verfolgen, der ein machtvoller Gedanke ist. Wenn wir diesen Gedanken mit Interesse untersuchen, verbunden mit unserer Intelligenz, bringt uns dieser Gedanke zum Verstehen; dieses Verstehen ist ein kurzer Einblick in unsere wahre Natur. Wir können nichts über unsere wahre Natur verstehen ohne es anzuschauen, genauso wie ich nichts über ein Auto oder ein Pferd verstehen kann, bevor ich es nicht angeschaut habe. Ich kann nicht sagen, was ein Auto von einem Pferd unterscheidet, ohne irgendein Wissen über Autos und Pferde zu haben. Ich kann nichts darüber sagen, was Bewusstsein ist oder nicht ist, ohne es anzuschauen. Darum muss ich es jedes Mal, wenn ich irgendetwas über Bewusstsein verstehe, angeschaut haben.

Dieses Verständnis ist abgeleitet von einer Erfahrung, von einem Wissen von meiner wahren Natur. Solch eine Erfahrung ist außergewöhnlich in dem Sinn, dass es keine objektivbezogene Erfahrung ist. Wenn ich dich frage, „Wie weißt du, dass du bewusst bist?" ist die einzige Antwort, dass es offensichtlich ist. Aber obwohl es offensichtlich ist, ist dieser Beweis nicht von einer objektiven Erfahrung hergeleitet. Es ist nicht dasselbe wie meine Frage, „Welche Farbe haben diese Blumen in dieser Vase?"

Trotzdem ist die Sicherheit, dass du bewusst bist, größer als irgendeine andere Sicherheit. Wenn du diese Blumen anschaust, und du stellst fest, dass sie eine besondere Farbe haben, wie zum Beispiel gelb, ist es eine Tatsache, dass du, selbst wenn du Beurteilungen über Objekte machst, immer noch mehr Sicherheit darüber hast, bewusst zu sein, als über die Wahrheit dieser Beurteilungen. Vielleicht leidest du unter einer optischen Störung. Die Blumen werden vielleicht von einem gelben Licht beleuchtet, das sie gerade gelb erscheinen lässt. Aber gleichgültig ob sie gelb oder weiß sind, ob deine Beurteilung korrekt oder falsch ist, du bist absolut sicher, dass du bewusst bist. Mit anderen Worten können Objekte nur aus der subjektiven Betrachtung des Bewusstseins als solche erkannt werden, Objekte selbst können nicht erkennen.

- *Ich bin voller Zweifel über die Effektivität von rationaler Analyse als ein Pfad in das Jenseitige. Wenn ich das versuche, wird mir die Falschheit eines gewohnten Glaubenssatzes darüber klar, was ich bin. Aber dann erkenne ich, dass ich in einem subtileren Irrglauben gefangen bin. Jedes Mal, wenn ich über einen Glauben hinausgehe, finde ich mich nur in einem subtileren Glauben wieder, und der Prozess scheint unendlich so weiterzugehen. Wie kann irgendein Gedanke dich aus dem Reich der Gedanken hinaus bringen?*

Es ist unmöglich, wenn du auf diese Weise damit umgehst. Es ist unmöglich, dass du nach der Entdeckung der Falschheit des Glaubenssatzes, dass du *a* bist, in den Glauben springst, dass du *b* bist. Du wirst nur von dem Glauben *a* fortschreiten zu *b* und dann zu *c*. Wie du sagst gibt es da kein Ende. Aber das Ende kommt, wenn du aufhörst zu glauben, dass du *irgendetwas* bist, irgendein Objekt. Kein Objekt wird genügen. Die Krankheit des Mentalen ist, dass wir glauben, innerhalb des Mentalen eine Idee davon konstruieren zu können, wer wir sind. Das ist eine Unmöglichkeit!

- *Aber das Mentale hört nicht auf danach zu suchen.*

Das Mentale ist davon überzeugt, dass es keinen anderen Weg gibt zu wissen, wer wir sind, als durch das Mentale, weil das Mentale keinen Zugang zu irgendeiner anderen Form des Wissens hat. Das Mentale wird in dem Moment aufhören zu suchen, in dem es ein klares Verständnis darüber hat, dass seine Suche zum Scheitern verdammt ist. Das Mentale ist dumm, aber nicht so dumm. Der Grund dafür, dass das Mentale weiter sucht, ist, dass wir nicht tief genug gesucht haben zu verstehen, ohne einen Zweifel, dass keine Annäherung durch das Mentale uns dahin führen wird, was wir wahrhaft sind. Objektive Erfahrung ist nicht alles, was es an Erfahrung gibt. Der Kanal, durch den wir wissen, dass wir bewusst sind, ist ein neuer Weg von Erfahrung. Er ist nicht neu in dem Sinne, dass er früher nicht zur Verfügung stand. Er stand uns immer zur Verfügung, aber wir haben das übersehen, weil wir von den *Objekten* unserer Erfahrungen hypnotisiert gewesen sind, vom objektiven Wissen.

- *Dann ist das so etwa wie zu versuchen, da nachzuschauen, wo man nicht hinschauen kann?*

Ja. Genau. Es ist so, als ob du versuchst hinter dich zu schauen. Vergiss es! Du hast auf der Seite keine Augen. Das bedeutet nicht, dass du da nicht hinschauen könntest, nur, dass du nicht direkt mit deinen Augen dort hinschauen kannst. Du kannst einen Spiegel oder eine Video Kamera benutzen, oder mit anderen Mitteln, aber du kannst nicht direkt mit deinen Augen dort hinschauen.

Es gibt zwei Arten von Wissen: das Wissen von Objekten, was die einzige Art ist, die die meisten von uns bemerkt haben, und die viel tiefere Art - das Wissen, „Ich bin", das „Ich bin bewusst." Diese zweite Art ist direkter. Wir alle haben sie. Wenn wir erkennen, dass dieses Wissen nicht das Gefängnis des Körper-Mentalgefüges ist, dass es frei und unsere wahre Natur ist, und darüber hinaus das ist, was wir mit Liebe und Glücklichsein meinen, dann erwacht ein neues Interesse in uns.

- *Mir ist klar, das ich versuche das Objekt zu greifen oder zu verstehen. Sagst du, dass, wenn man bewusst ist, nicht das Objekt bedeutend ist, das man versucht zu greifen, sondern die Tatsache von Bewusstsein selbst?*

Das ist das, was wir sind.

- *Also ist es nicht einfach mein Bewusstsein, obwohl es ein „mein Bewusstsein" gibt, sondern die absolute Natur von Bewusstsein ist Einheit - ist das korrekt?*

Seine Natur ist Universalität.

- *Weil seine Qualität überall ist, ist darum die gleiche Qualität überall?*

Es ist das, was alle Dinge erschafft. Es ist die Substanz von allen Dingen.

Wenn du diese Blumen oder diesen menschlichen Körper siehst, sind es nicht die Blumen oder der menschliche Körper, was du siehst; was du siehst ist ein Bild in deinem Mentalen, was zur Freude des Bewusstseins hervorgebracht wurde. Du siehst nicht „das Ding selbst", sozusagen. Du siehst Farben, Formen, all die Eigenschaften, aber das sind einfach nur Bilder in deinem Mentalen. Das „Ding an sich" hat keine Farbe oder Form oder Eigenschaften. Wenn eine Ameise eine Blume anschauen würde, würde die Ameise vollkommen andere Daten empfangen. Darum ist weder das Bild der Wirklichkeit, das sich der Ameise zeigt, noch das Bild, das ich in meinem Mentalen habe, die Wirklichkeit selbst. Wirklichkeit an sich entzieht sich immer der objektbezogenen Erfahrung und kann nie als ein Objekt des Bewusstseins erfahren werden. Darum kann sie entweder nie erfahren werden, oder, wenn sie als Wirklichkeit an sich überhaupt erfahren wird, kann sie nur als Bewusstsein erfahren werden, als Subjekt, nie als Objekt.

Noch einmal, im Bereich der Objekte können wir nur Bilder erfahren; das „Ding an sich" hat keine Form, keine Farbe, keine Eigenschaften. Wenn du darüber reflektierst und wenn du versuchst, Bewusstsein als das zu sehen, was wahrnimmt, wirst du über das „Ding an sich" zu der gleichen Erkenntnis kommen wie über das Bewusstsein. Es ist Wirklichkeit, jenseits aller Zweifel, aber es hat keine Form, keine Farbe, keine Eigenschaften. Und dann fragen wir uns vielleicht, „wenn das „Ding an sich", was die Wirklichkeit aller Dinge ist, die genauso wenig Eigenschaften hat wie das, was sieht, warum sie also nicht gleichsetzen?" Das ist kein Beweis, aber es ebnet den Weg für das Mentale, offen für die Möglichkeit zu sein, dass dieses Bewusstsein, das alle Dinge sieht, auch die tiefste Wirklichkeit aller Dinge ist.

Man kann das auch anders sehen und sagen, „Dieses-Körper-Mentalgefüge ist Teil der Welt. Das, was im Kern vom Körper-Mentalgefüge ist, als meine innere Erfahrung, muss auch im Kern der Substanz der Welt sein. Wenn ich meinen eigenen Kern anschaue, finde ich dieses Bewusstsein." Also auch aus diesem Gesichtspunkt macht es Sinn, dass die Substanz des Körper-Mentalgefüges auch die Substanz dieser Welt ist, weil sie nicht getrennt sind. Ein begrenztes Bewusstsein ist ein Konstrukt des Mentalen, eine nette Theorie, vom Mentalen gemacht, über etwas, was das Mentale nie wahrgenommen und nie erfahren hat. Das Mentale erfährt nicht Bewusstsein; es ist umgekehrt - Bewusstsein erfährt das Mentale.

Siehst du die weitreichenden Konsequenzen dieser Möglichkeit? Das befreit uns von dem Gefängnis des Körper-Mentalen, weil das, was wir lieben und mit dem wir verbunden sind, dieses Bewusstsein ist. Unser Leiden stammt aus dem Glauben, dass dieses Bewusstsein von dem Körper-Mentalgefüge abhängig sei, um überhaupt zu existieren. In dem Moment, in dem wir für die Möglichkeit offen sind, dass dieses Bewusstsein unabhängig ist, sind wir frei.

- *Ja, ich kann diese Freiheit sehen. Aber ich frage mich, warum da dieses Festhalten an der anderen Identifikation besteht, als ob ich dafür einen Preis gewänne.*

Wir halten aus Gewohnheit fest. Wir haben alte Möbelstücke in unseren Häusern, die lange Zeit bei uns waren, an die wir uns gewöhnt haben. Menschen sind von Essgewohnheiten abhängig, die schlecht für Ihre Gesundheit sind: Zum Beispiel essen sie viel gesättigte Fette, weil sie das von ihrer Mutter bekommen haben, als sie Kinder waren. Sie fahren damit fort, sogar gegen die Anweisungen des Arztes. Das gleiche gilt für das Rauchen und viele andere Gewohnheiten.

- *Ist es also unmöglich zu sagen, dass wir unser eigenes Bewusstsein haben?*

Wir haben unser eigenes Bewusstsein; es ist einfach nur nicht privat. Es ist persönlich, aber es ist nicht privat. Wir alle haben es gemeinsam. Es gibt keine Privatsphäre im Bewusstsein.

***

- *Du hast von einer Wiedergeburt der Anziehung in Richtung Bewusstsein gesprochen und vom Loslassen jeder Anstrengung, hinter sich schauen zu wollen, wohin die Augen nicht sehen können. Sind Versammlungen wie diese und Beziehungen zu anderen Menschen dazu da, wie mit Augen am Hinterkopf zu handeln und uns zu helfen, mit der Gewohnheit von persönlichem Bewusstsein zu brechen? Vertiefen wir so unsere Beziehungen mit Frau, Geliebten, Kindern und Freunden?*

Ja. Die Erfahrung von nicht-persönlichem Bewusstsein in einer Beziehung, ist die Erfahrung von Liebe. Wenn wir vollständig für die Möglichkeit offen sind, dass die so genannte andere Person, der wir uns nähern, - dass das, was am anderen Ende des Kommunikationskanals ist -, die eine Präsenz ist, die wir beide teilen, dann wird auf sehr magische Weise diese Präsenz sich selbst mitteilen, und wir erfahren die Süße, die Freundlichkeit und Sanftheit von Liebe. Ich spreche nicht von Verliebtheit.

Etwas Wunderschönes geschieht, wenn wir beide, auf beiden Seite der Partnerschaft, wahrhaft offen für die Möglichkeit sind, dass diese Präsenz geteilt wird. Dann kann das Verständnis von sich selbst zu sich selbst fließen. Wenn wir Verständnis miteinander teilen, teilen wir nicht ein Objekt; wir teilen etwas sehr viel Wertvolleres. Die Worte sind Hinweise; sie führen uns in Richtung auf das Verständnis. Aber um wahren Zugang zum Verständnis zu haben, müssen wir an einem bestimmten Punkt die Worte an der Tür zurücklassen, genauso wie wir das Auto in der Garage lassen, wenn wir nach Hause kommen. In diesem Moment erfahren wir unsere darunter liegende Einheit. Vielleicht erkennen wir sie nicht als darunter liegende Einheit, weil das Gefühl von Liebe und Verständnis so natürlich scheint und wir es alle erfahren haben. Was uns vom Verständnis abhält, ist, dass das Mentale hereinkommt, nachdem die Vereinigung geschehen ist, und vorgibt, dass es etwas Persönliches war, etwas, das nicht miteinander geteilt wurde. Während der Erfahrung selbst war das Mentale abwesend, aber nach der Erfahrung kommt das Mentale zurück - als ein Pressesprecher - und fügt seinen eigenen Senf hinzu. Darum müssen wir erkennen, dass es in diesen Erfahrungen von Liebe kein persönliches Element gibt; es ist nur die nachfolgende mentale Interpretation, die das Missverständnis hervorruft, dass die Erfahrung zu der getrennten Persönlichkeit gehört.

Wenn wir erst einmal wirklich offen sind für die Möglichkeit, dass keine getrennte Persönlichkeit an der Erfahrung von Liebe beteiligt ist, wird unser Mentales wie ein

Nachbar, der als Trickbetrüger entlarvt wurde. Wenn wir einmal sein Spiel erkannt haben, werden wir gut informiert sein, wenn er uns eine fantastische Anlage-Gelegenheit anbietet. Wir sind nicht so leicht zu täuschen.

Das Bewusstsein von unserer gemeinsamen Essenz kann steigen, sogar wenn wir unser Verständnis von relativem Wissen miteinander teilen. Nehmen wir an, ich gebe dir einen klaren Beweis von dem Lehrsatz von Pythagoras. Wenn du den Beweis verstehst, ist es für uns beide offensichtlich, jenseits allen Zweifels, dass das Verständnis geteilt wurde. Aber weil wir die Behauptung des Mentalen, ein getrenntes Bewusstsein zu besitzen, nicht entfernt haben, hat diese Erfahrung keinen signifikanten Effekt auf die Art und Weise, wie wir Dinge sehen. Aber wenn sich das Verständnis auf unsere wahre Natur bezieht, anstatt sich auf ein Objekt zu beziehen, dann vollzieht sich ein bedeutsamer Wandel im Mentalen. Der alte Glauben an die Trennung ist besiegt.

- Danke. Es hat mir sehr gefallen, was du über das Zusammenreffen von Menschen gesagt hast, dass die Anerkennung und Liebe, die zwischen ihnen geflossen ist, die Persönlichkeit überwindet. Noch eine Frage über diesen Pressesprecher, weil das Ego tatsächlich herein kommt und Geschichten erfindet. Aber wenn der Pressesprecher dabei ertappt wird, wer fängt ihn?

Intelligenz, Verständnis. Wenn wir verstehen, ist es Intelligenz, Bewusstsein, das versteht. Es gibt keine Person, die versteht, weil an Intelligenz nichts persönlich ist. Erst danach kommt Unwissenheit, der Pressesprecher, dazu und macht es persönlich und sagt, „Ich habe verstanden".

Lass uns den Prozess des Verstehens eines Gedanken betrachten. Zum Beispiel werden meine Worte, während ich spreche, in Gedanken transformiert, und diese Gedanken werden verstanden. Aber um zu verstehen, was ich sage, musst du auf das Ende des Satzes warten, oder? Du weißt nicht, was ich als nächstes sagen werde, du musst warten, und erst, wenn der Gedanke in seinem eigenen Verstehen verschwunden ist, bist du in der Lage, ihn zu begreifen. Das Schöne daran ist, dass die Sache, die du angeblich verstehst, nicht mehr anwesend ist, wenn du irgendetwas verstehst.

Das ist wie ein Witz, der nicht sofort das Witzige daran preisgibt. Aber nach etwa 10 Sekunden kapierst du es plötzlich, und du lachst laut auf. In diesem Fall ist es sehr deutlich, dass der Witz nicht länger anwesend ist, wenn sich das Witzige zeigt und das Lachen ausbricht.

Was du also verstehst, verstehst du nie als einen Gedanken. Der Gedanke ist nur ein Fahrzeug, das dich nach Hause bringt, und er bleibt in der Garage während du ins Wohnzimmer gehst und die Erfahrung machst - das Lachen, die Intelligenz, die Schönheit oder die Liebe. In diesem Moment sind das wunderschöne Objekt, das liebenswerte Objekt, der intelligente Gedanke und der Witz nicht länger vorhanden.

- *Ich bin wirklich sauer auf mein Mentales, aber ich bin dankbar für eine Sache. Wenn ich sagen kann, dass alles, was vor meinen Augen geschieht, das Drama ist, das das Bewusstsein aufführt, dann geschehen anscheinend drei Dinge: Es nimmt alle Verurteilung oder Kritik davon weg, was ich vor mir sehe; es legt anscheinend das Ego auf Eis; und es scheint eine unglaubliche Freiheit und Ausdehnung darin zu geben, was vor mir geschieht. Aber es scheint so, dass dieses Szenarium von dem Mentalen gestartet wurde, das sagt, „Das macht das Bewusstsein." Darum bin ich dankbar für diesen Bonus, aber der ganze Rest ist mir egal.*

Ja, das Mentale ist einfach nur ein Instrument, wie eine Waffe oder eine Geige. Wenn Unwissenheit eine Geige spielt, ist die Intonation schlecht und der Rhythmus daneben, aber wenn Bewusstsein das Mentale spielt, ist das Ergebnis wunderbar. Das Mentale an sich ist weder gut noch schlecht, es ist nur ein Instrument. Du hast dich auf diesen Teil des Mentalen bezogen, der als Instrument für die Wahrheit handelt, und dafür bist du dankbar.

***

- *Vielleicht vergibst du mir, wenn ich als Einleitung in diese Frage auf Tony Parsons verweise. Er ist der Ansicht, dass wir die Verkörperung von Liebe sind, dass es nichts zu erreichen gibt und keine Arbeit zu tun ist. Würdest du dem zustimmen?*

Ja, mit einem Vorbehalt. Aus der Sicht des Absoluten ist es wahr, dass es nichts zu tun gibt. Es ist jedoch nur wahr, wenn du davon überzeugt bist, das es nichts zu tun gibt. Aber wenn du unglücklich bist, und du davon überzeugt bist, dass du ein Macher bist, dass du eine Person bist, dann kannst du nicht behaupten, dass es nichts zu tun gibt. Wenn jemand behauptet, dass es nichts zu tun gibt, während er gleichzeitig in seinem Herzen davon überzeugt ist, dass er ein Macher ist, ist er nicht konsequent. Kannst du mir folgen?

Im Fall des einen, der noch glaubt, dass er eine Person sei, ist es notwendig, dass sein spiritueller Lehrer ihm sagt, dass es tatsächlich etwas zu tun gibt: die Wahrheit herauszufinden. Und wenn er einmal die Wahrheit herausgefunden hat, wird er erkennen, dass es dann nichts zu tun gibt und keinen, der etwas tut.

Du musst absolut konsequent und ganz aufrichtig sein. Du musst die geheimen Plätze deiner Seele untersuchen und dem ins Auge sehen, was du da findest. Wenn du da immer noch den geringsten Glauben findest, dass du eine Person bist, gibt es noch etwas zu tun - du musst diese verbleibende Verhaftung an einen Glauben an deine Persönlichkeit loswerden. Sonst nimmst du Advaita nur als Ausrede. Du kennst Advaita nicht aus der Erfahrung und du hast keine intime Bekanntschaft mit der Wahrheit davon gemacht, aber du gebrauchst es als Rechtfertigung für ein Verhalten, das dich sonst schuldig machen würde. Als ich ein Wahrheitssucher war, kannte ich eine Frau, die auch eine Schülerin von Jean Klein in Frankreich war. Sie war eine Naschkatze und hatte eine Tendenz zuzunehmen, und wann immer sie in Versuchung geriet, sich ein Eis aus dem Tiefkühlschrank zu holen, sagte sie, „Wen kümmert´s; ich bin nicht mein Körper."

Auf einer höheren Ebene, auf der Ebene deiner ernsthaftesten Untersuchung der Wahrheit, und solange du noch den geringsten Glauben hast, dass du eine Person bist, musst du dich anstrengen, um die Wahrheit herauszufinden, die jenseits aller Zweifel absolut sicher ist.

***

- *Wenn ich diese Blumen oder irgendein schönes Objekt anschaue, betrachte ich es mit meinem Ego-Mentalen. Kann ich also erst dann Schönheit wertschätzen, wenn Verständnis in mir erwacht ist?*

Wenn du nur mit deinen Sinnen schaust - nicht durch deine Gefühle oder deine Gedanken - ist deine Wahrnehmung immer rein und es ist keine Unwissenheit daran beteiligt. Unwissenheit erscheint nur auf der Ebene der Gedanken und auf der Ebene der Gefühle.

- *Vielleicht habe ich meine Frage nicht deutlich gestellt. Wenn ich ein Bild anschaue, oder einige Blumen, und ich fühle mich davon angezogen, was wird angezogen - mein Ego-Mentales?*

Es kommt darauf an. Das Ego wird angezogen, wenn du auf der Ebene von Gefühlen oder Gedanken schaust: Zum Beispiel könnte das Stück provokativ sinnlich sein oder es könnte eine politische Idee ausdrücken, der wir zustimmen. Wenn es auf der anderen Seite die Schönheit ist, die dich anzieht, ist es nicht das Ego, das angezogen wird. Es ist das Selbst, Bewusstsein. Ein wahres Kunstwerk kommt aus einer inneren Einsicht, aus der Schönheit selbst. Und weil es aus der Schönheit kommt, trägt es die versteckte Signatur der Schönheit. Wenn du es rein durch deine Sinne siehst, schwingt etwas in dir mit. Es hat die Kraft, dich zu der Quelle zurückzubringen, aus der es kam. André Malraux definiert ein Kunstwerk als „jegliches vom Menschen gemachtes Objekt, das auf die Präsenz hinweist", und ich stimme ihm zu.

- *Lass uns den Fall annehmen, dass Leute von Rap-Musik angetörnt sind. Würdest du sagen, dass das eine Kunstform ist, die nicht in Richtung auf die Quelle zeigt?*

Nicht die Rap-Musik, die ich bisher gehört habe. Aber ich bin nicht gewohnt, Rap-Musik zu hören, also lasst uns offen sein für die Möglichkeit, dass es irgendwo wunderschöne Rap-Musik gibt.

- *Persönlich bin ich mit dir einer Meinung, aber ich versuche, das mit dem in Einklang zu bringen, was ich intellektuell unter Advaita verstehe: dass alles eins ist, alles gleichermaßen berechtigt. Ich habe ein Problem damit, weil ich vielleicht ein bestimmtes Musikstück oder ein Gemälde nicht mag. Wie passt das in die Advaita-Philosophie?*

Aus der Advaita-Perspektive ist zwar alles in dieser Manifestation ein Ausdruck des Bewusstseins, einschließlich Hitler, Stalin und Saddam Hussein, aber das heißt nicht, dass alles schön ist. Sonst wären wir dazu verpflichtet, eine Form von Relativismus anzunehmen und zu sagen, „Gut, du magst Bach und Mozart und ich mag Rap, aber das ist nur eine Angelegenheit von persönlichem Geschmack." So eine Einstellung verneint jegliche universellen Werte wie Schönheit oder Wahrheit, und setzt Ramana Maharshi mit Stalin gleich. Wenn alle Werte nur in den Augen des Betrachters liegen, würden einige zurecht Hitler als einen Helden sehen, während andere diesen Status Ramana Maharshi zuordnen würden.

Das ist natürlich nicht das, was Advaita bedeutet, wenn angegeben wird, dass jedes Objekt aus dem Bewusstsein kommt und auf das Bewusstsein hinweist. Advaita erkennt Unterschiede an. Obwohl jedes Objekt seiner Natur nach auf das Bewusstsein hindeutet und die Präsenz offenbart, aus der es erscheint und zu der es zurückkehrt, gibt es einige Objekte, die auf das Bewusstsein hinweisen, nicht nur seiner Natur nach, sondern auch als Funktion. Ein wahres Kunstwerk ist ein Objekt, das wie jedes andere Objekt seiner Natur nach auf das Bewusstsein hinweist; aber es weist auch durch seine Funktion auf das Bewusstsein hin - es ist für diesen Zweck geschaffen. Wenn wir ihm nur folgen, werden wir irgendwie dahin gebracht. Wenn du eine Werbung in der Zeitung liest, ist ihre Aufgabe nicht, dich zum Bewusstsein zu bringen, sondern in den Supermarkt. Siehst du den Unterschied?

- *Ich sehe den Unterschied, aber mir ist immer noch die Stellung der Dualität im Gesamtbild der Dinge unklar. Mir scheint, wann immer wir eine Wahl treffen - und im täglichen Leben wählen wir ständig eine Sache statt einer anderen - treten wir in die Dualität ein.*

Die einfache Wahrnehmung von Unterschieden erschafft nicht zwangsläufig Dualität. Es gibt Unterschiede in dem, was erscheint; die Einheit liegt in der Quelle dieser Erscheinungen. Vielfalt kann nicht geleugnet werden. Ich erinnere mich an eine Aussage von jemandem, der sich ganz unfair über Advaita lustig gemacht hat und sagte, dass sogar in Indien die Bahntrasse zwei Schienen hat. Aber das ist kein taugliches Argument. Wir leugnen nicht die Existenz von Vielfalt der Welt der Manifestationen.

- *Vielleicht löse ich mein Problem mit Advaita, das immer aufkommt, wenn ich eine Wahl oder eine Unterscheidung treffen muss, damit, dass ich einfach still bin.*

Dein Problem würde nur durch Verständnis gelöst werden. Lass mich dir ein Beispiel geben. Wenn die Frage nach Beurteilung und Wahl aufkommt, erscheint sie oft im Zusammenhang mit unserer Interaktion mit anderen. Wir urteilen und wir sagen, „Du bist ein Lügner" oder „Du bist schwach" oder was auch immer. Solch ein Urteil über eine Person kommt immer aus der Unwissenheit. Nur weil wir denken, dass wir eine Person sind, gut oder schlecht, sehen wir da drüben eine andere Person, die wir verurteilen. Solch ein Urteil basiert auf Unwissenheit. Es basiert auf einer ungültigen Unterscheidung und einer Unwahrheit - der Existenz von getrennten Individuen.

Es gibt jedoch noch eine andere Art von Beurteilung oder Unterscheidung, die nicht auf dem Glauben basiert, dass es hier oder irgendwo sonst eine Person gibt. Es handelt sich nur um einen Ausdruck des Mentalen von etwas, das beobachtet wurde. Wir sagen vielleicht, „Ich habe gerade eine freundliche Tat beobachtet, oder Aggressionen oder etwas, das anscheinend aus der Unwissenheit entstanden ist." All das ist legitim, vorausgesetzt, wir machen es nicht persönlich. Wenn wir Beobachtungen machen, bemerken wir Unterschiede. Mir scheint, dass die Rap-Musik, die ich gehört habe, nicht aus dieser unpersönlichen Quelle kommt, und dass die Musik von Bach, die ich gehört habe, von dort kommt. So einfach ist das. Ich behaupte nicht, dass Bach ein guter Mensch und der Rapper ein schlechter Mensch sei. Das ist eine andere Aussage.

- *Angenommen du sagtest, dass der Autor eines boshaften Stückes von Boshaft erfüllt war; wenn du diese Anmerkung machst, ohne dabei persönlich beteiligt oder beunruhigt zu sein, dann könnte diese Beobachtung sehr berechtigt sein, oder?*

Letztendlich hängt es weniger von der Art ab, wie die Beobachtung ausgedrückt wird, als von dem Gefühl, aus dem es kommt. Wenn es aus einem Gefühl herauskommt, dass da ein Mann oder eine Frau ist, der oder die schlecht gehandelt hat, dann ist das nicht nützlich. Wenn es aus dem Verständnis heraus kommt, dass es eine Tat Gottes ist, aber diese Tat Gottes nicht ein Ausdruck von Schönheit und Liebe und Harmonie ist, dann ist das nützlich.

- *Also wenn es eine Handlung Gottes ist, dann bleibt uns die These, dass wir Gott treffen, der eine seiner bösartigen Rollen spielt?*

Es ist wahr, dass Gott alles macht, aber wir sehen Dinge und beurteilen Gott von einem begrenzenden Standpunkt aus und mit begrenztem Wissen. Das Leben zeigt oft, dass eine Meinung, die auf unserer begrenzten Sicht beruht, revidiert werden muss, wenn wir zusätzliche Informationen erhalten. Es ist besser nicht zu urteilen. Wer ist da, den man beurteilen könnte?

- *Der eine, der da ist zu urteilen, ist derselbe, der sagt, „Bach scheint direkt aus der Quelle zu kommen, während Rap anscheinend woanders herkommt."*

Oh ja, aber das ist keine Beurteilung von einer Person oder von Gott. Es gibt dann nichts Persönliches in dieser Beobachtung über Bach, nichts Persönliches.

- *Wenn du sagst „nichts Persönliches", meinst du dann „nichts Persönliches" in Bezug auf denjenigen, der die Unterscheidung trifft, oder „nichts Persönliches" in Bezug auf denjenigen, über den die Unterscheidung getroffen wurde?*

Beides. Denn wenn es auf der einen Seite persönlich ist, wird es auch auf der anderen Seite persönlich sein. Wenn ich denke, dass ich eine Person bin, dann werde ich auch andere als Personen sehen. Das kann ich nicht verhindern.

- *Und wenn ich, um des Experiments Willen, andere als unendliches Bewusstsein sehe, dann muss ich selbst diese Position einnehmen?*

Wenn du willst. Das ist ein vorläufiger Glaube, wie der eines Wissenschaftlers, der unter bestimmten Annahmen ein Experiment durchführt. Wenn du ein Experiment machst, urteilst du nicht, weil du auf die Ergebnisse des Experimentes wartest, bevor du irgendwelche Schlüsse ziehst. Das ist eine gute Übung.

- *Eine gute Übung?*

Ja, es ist ein gutes Experiment, Menschen zu treffen und ihnen universelles Bewusstsein zuzusichern, provisorisch; und auf die gleiche Weise dir selbst eine provisorische Zusicherung von universellem Bewusstsein zu geben, selbst dann, wenn du an dieser Stelle noch nicht überzeugt davon bist.

- *Das war meine Frage. Siehst du, ich fühle gelegentlich, dass ich diese Wahl habe, aber dann mache ich eine Kehrtwende und sage, „Wem willst du denn was vormachen? Sowas muss auf natürliche Weise kommen, dies ist nur ein Trick des Mentalen." Aber du hast mir das beantwortet.*

Das ist ein Experiment. Du bist nicht dazu aufgefordert, das bedingungslos zu glauben, aber glaube es provisorisch. Um ein Experiment durchzuführen musst du irgendeinen vorläufigen Glauben haben, der dich vielleicht zu bestimmten Ergebnissen führt.

***

- *Das war meine Frage. Aber da ich gerade das Mikrofon habe, würde ich gerne die Klarheit würdigen, mit der du vorhin über die wahre Bedeutung von Tun und Nichttun gesprochen hast, und über den verständlichen Gebrauch der Begriffe „Persönlichkeit" und „Niemand hier". Ich habe das Gefühl, dass in der Londoner Advaita-Bewegung diese Debatte in allen möglichen Formen und in allen Arten von Meetings auftaucht, und es gibt ziemlich viele verworrene Gedanken darum herum. Ich danke dir für das Licht, dass du in diese Angelegenheit gebracht hast.*

Wir könnten diese Antwort kurz und bündig so formulieren in der Art eines Zen Koans. Wenn es nichts zu tun gibt, gibt es nichts zu tun; wenn es etwas zu tun gibt, gibt es etwas zu tun.

- *Was löst das Tun oder das Nichttun aus? Wir machen vielleicht etwas in unserem Leben, zum Beispiel, und dann tadeln wir uns, wenn es eine schlechte Wahl war?*

Es ist keine Frage von Tun oder Nichttun, weil etwas zu unterlassen, passiv zu sein, auch eine Art des Tuns ist. Wenn ich einen Erwachsenen beobachte, der ein kleines Kind schlägt, und ich nichts tue, werde ich zu einem Komplizen der Straftat. Die eigentliche Frage ist, „Was ist die richtige Handlung?" Und die richtige Handlung ist eine Handlung, die nicht von der Person ausgeht, sondern von der Einsicht in eine Situation, die nicht persönlich ist: Du schaust auf die ganzheitliche Situation, ohne in der Situation zu sein, ohne dich mit irgendeiner der Seiten zu identifizieren. Du nimmst den Standpunkt eines wohlwollenden und fairen Richters ein, der versucht, jedem zu zeigen, was ein gutes und gerechtes Ergebnis wäre. Und wenn du einer der beteiligten Parteien angehörst, würdest du besonders darauf achten, was der Richter zu dieser Partei gesagt hat.

- *Es scheint viel leichter zu sein anzunehmen, dass es keine Wahl gibt, dass das was geschieht, einfach die Art und Weise ist, wie das Leben mit Dingen umgeht.*

Ich bin nicht der Meinung, dass es keine Wahl gibt. Es gibt nur auf der Ebene der Person, des Körper-Mentalen, keinen eigenen Willen. Also habe ich solange keine Wahl, solange ich glaube, dass ich ein Körper-Mentalgefüge bin. Die eigentliche Frage ist, „Haben wir auf der Ebene des Bewusstseins die Freiheit, die Idee zu akzeptieren oder abzulehnen, dass wir ein Körper-Mentalgefüge sind? Haben wir auf dieser Ebene eine Wahl?" Die Antwort ist ja. Und weil wir auf dieser Ebene eine Wahl haben, sind wir moralisch verantwortlich dafür. Wenn wir unsere egoistischen Handlungen durch den Gebrauch eines Advaita- oder Pseudo-Advaita-Arguments rechtfertigen, dass es keine Wahl gäbe, und dass es deshalb ganz in Ordnung sei, das Geld zu behalten, das mir als Darlehen gegeben wurde, wäre das ein perfektes Beispiel dafür, Advaita als Ausrede zu benutzen.

- Aber sicherlich würde die Programmierung deines Körper-Mentalen dich davon abhalten?

Du schaust scheinbar durch eine rosarote Brille auf die verschiedensten Programme, von denen unterschiedliche Körper-Mentalgefüge abhängig sind. Einige würden es abscheulich finden, ein Darlehen zu behalten; andere wählen das ohne mit der Wimper zu zucken. Aus Unwissenheit neigen wir dazu, das zu tun, was immer für das Ego vorteilhaft ist. Daran gibt es nichts Ethisches. Eine ethische Wahl hat Ihren Ursprung an einem anderen Ort: im Verstehen, dass es keine getrennten Wesen gibt. Was ich meinem Nächsten antue, tue ich mir selbst an.

- Um das zusammenzufassen: Ich glaube du sagtest, dass wir die Wahl haben zu glauben, ob wir getrennte Wesen sind oder nicht.

Das ist eine grundsätzliche Wahl, die wir haben.

- In diesem Moment weiß ich, dass das wahr ist; aber die Wahl, daran festzuhalten, begleitet mich anscheinend nicht durch Dick und Dünn. Wenn mir zum Beispiel jemand auf den Wecker geht, scheine ich nicht die Wahl zu haben zurückzutreten, als Bewusstsein, und mich nicht in meine Gefühle als „ich" zu verwickeln. In diesem Moment scheint es keine Wahl zu geben. Später kann ich erkennen, dass ich gefangen war, dass ich nicht meine Emotionen bin, oder mein Körper, oder mein Mentales; aber wenn es drauf ankommt, habe ich scheinbar keine Wahl.

Wenn du einmal in deinen Gefühlen gefangen bist, hast du keine Wahl mehr, aber kurz davor hast du eine Wahl. In dem Moment, in dem du gesagt hast, „Er oder sie hat mir das angetan! Unverschämt!" Triffst du die Wahl von „er" und „mir". Davor gab es einen Moment der Freiheit, aus dem heraus du die Wahl zugunsten von Unwissenheit getroffen hast. Du hast das Flugzeug bestiegen und du musst warten, bis es landet. Aber bevor du in das Flugzeug einsteigst hast du eine Wahl.

- Ok, könntest du einfach noch etwas über den Moment sagen, bevor man das Flugzeug besteigt, über die Wachsamkeit die man braucht, um zu verhindern, an Bord zu gehen? Gibt es etwas das uns hilft, unsere Wachsamkeit darüber aufrechtzuerhalten, zu wissen wer wir wirklich sind?

Ja, weil das, was die Wachsamkeit entwickelt, die Tatsache ist, dass diese Reise mit dem Flugzeug furchtbar ist. Das Essen ist lausig, es gibt nicht viel Fußraum, und die Nachbarn sind unausstehlich. Doch auf der anderen Seite sind wir vernarrt in das „ich"- Konzept. Wir sind so daran gewöhnt, und wir finden es so reizvoll, dass wir die falsche Wahl wieder und wieder treffen, bis wir die Wahl dieses kleinen „ich"- Konzepts mit der darauf folgenden furchtbaren „ich"- Reise verbinden. Allmählich finden wir das nicht mehr so reizvoll. Aber ganz gleich, ob wir das „ich"- Konzept attraktiv finden oder nicht, diese Reise zu machen ist unsere Wahl. Wenn wir die richtige Wahl treffen, die Wahl für Bewusstsein, befinden wir uns in Freiheit, und wir bleiben in Freiheit, solange wir wollen, bis wir wieder die falsche Wahl treffen. Solange wir in Freiheit sind, sind die Entscheidungen, die wir treffen, frei, und aus dieser Freiheit heraus werden alle Entscheidungen ethisch sein.

- Bitte verzeih mir meine Begriffsstutzigkeit, aber wer trifft diese Wahl?

Wir als Bewusstsein. Wir als Freiheit treffen die Wahl, an Bord des Flugzeugs zu gehen und unsere Freiheit für eine Weile zu verlieren.

10 Wahrheit, Liebe, Schönheit und Glück

- *Es scheint so, dass man nichts mehr weiß, wenn man aus der Identifikation mit einem „getrennten Ich" herausgefallen ist. Wenn etwas vom Mentalen gekannt wird, wird das dann ein anderes Objekt? Ich erfahre im Moment eine Reihe von sensorischen Phänomenen, aber ich stelle mir vor, dass sie zu keinen bekannten Objekten werden, bevor sie nicht von meinem Mentalen klassifiziert werden und ihnen Namen wie „Vogel" oder „Wind" oder „Glocken" gegeben werden. Ist das richtig?*

Wenn das Mentale seine Etiketten gebraucht, hast du Gedanken. Davor gab es nur Sinneserfahrungen oder Körperempfindungen.

- *Es scheint so, als ob ich zwischen Gedanken und Präsenz schwanke. Gedanken decken die Präsenz zu, wenn die Etikettierung beginnt.*

Zuerst erfahren wir Präsenz am Ende eines Gedankens, wenn der Gedanke sich in der Wahrheit auflöst; wir erfahren Präsenz am Ende eines Gefühls, wenn es sich in Liebe auflöst; und wir erfahren Präsenz am Ende einer Sinneswahrnehmung, wenn sie sich in Schönheit auflöst. Aber wir können auch *während* der Gedanken Präsenz erfahren, *während der* Empfindungen und Wahrnehmungen, weil dieses Aroma von Präsenz kein Objekt ist, kein objektives Wissen. Wir haben es, wenn die Aufmerksamkeit sich weg vom Objekt, zurück zur Aufmerksamkeit selbst verschiebt. Das Aroma der Präsenz ist Aufmerksamkeit, die sich selbst kennt. Man könnte sagen, dass während der Anwesenheit eines Objekts die Erfahrung von Bewusstsein nicht so lebendig ist, nicht so intensiv, wie in einem Moment von Wahrheit, Liebe oder Schönheit, weil ein Teil der Aufmerksamkeit immer noch dem

Objekt gegeben wird. Wenn sich die Aufmerksamkeit weiter weg von Objekten bewegt, scheint die Welt etwas von ihrer Festigkeit zu verlieren, etwas von ihrer Greifbarkeit, etwas von ihrer Wirklichkeit. Mit anderen Worten ist das, was von unserer Wahrnehmung der objektiven Welt verloren geht, ein Gewinn für unsere Wahrnehmung der Präsenz - der Quelle der Wirklichkeit. Die Wirklichkeit der objektiven Welt ist eine geliehene Wirklichkeit, geliehen von ihrer Quelle, Bewusstsein. Genauso wie die Welt unserer Nachtträume sich ihre Wirklichkeit vom Bewusstsein leiht, in dem sie erscheint, so macht es auch die objektive Welt.

- *Anscheinend bedeutet das Gewahrsein von Präsenz, dass wir uns des Wachtraumes bewusst sind, also auf die gleiche Weise, wie wir uns manchmal in einem Nachttraum bewusst sind, dass dies eine Traumwelt ist, die wir bewohnen.*

Gut, das kommt darauf an. Wenn wir im Laufe eines Nachttraums wissen, dass wir träumen, ist es deshalb, weil wir zur gleichen Zeit eine Verbindung mit unserer Persona des Wachzustandes haben, während sich der Nachttraum entfaltet. Mit anderen Worten können wir wissen, dass wir träumen, während ein Nachttraum sich entfaltet, aber auf der tiefsten Ebene können wir immer noch in Unwissenheit gefangen sein. Das ist deshalb so, weil derjenige, der während des Nachttraums wach ist, das persönliche Selbst des Wachzustandes ist, das Ego des Wachtraums. Wenn wir dagegen zu unserer puren Präsenz erwachen, gibt es ein Kontinuum im Hintergrund unserer Erfahrungen von Süße, von Leuchten, von *Realität*. Diese Süße und dieses Leuchten sind nicht objektiv, das ist eher wie Frieden und Erfüllung.

Keine Manipulation des Traumzustandes, um luzides Träumen zu erreichen, kann zu diesem Erwachen führen. Nur Liebe für das Göttliche, Liebe für die Wahrheit kann uns dahin bringen. Beim luziden Träumen wechselst du nur sehr schnell zwischen dem Traum und dem Wachzustand hin und her.

- *Um zu beschreiben wie wir in der Präsenz gefestigt sind, könnten wir die Metapher von einem Arm benutzen, der erscheint, um zu erledigen, was getan werden muss, und der dann nach Hause zurückkehrt?*

Aus der Sicht der Präsenz erscheint die Welt in dir, und du bist schon zu Hause. Der Hauptindikator dafür, in der Präsenz gefestigt zu sein, ist die Abwesenheit von psychologischen Problemen und des dadurch hervorgerufenen Friedens und der Zufriedenheit. Wir sind daran gewöhnt zu glauben, dass die Welt grundsätzlich leidvoll und problemgeladen ist, und dass wir in der Welt leben; darum ist unser Leben von Natur aus schmerzhaft. Aber das Gegenteil ist wahr: die Welt erscheint in uns, und unser natürlicher Zustand ist der von tiefer Zufriedenheit, der vergessen oder verdunkelt, aber nie ganz aufgehoben werden kann.

- *Was genau geschieht mit psychologischen Problemen? Mir ist das nicht klar.*

Präsenz entfernt psychologische Probleme wie die Sonne den Schatten entfernt. Aufregung verwandelt sich in Frieden; Leid in Glücklichsein. Wir rutschen vielleicht in Vergesslichkeit, wir werden vielleicht für einen Moment oder zwei von einem Objekt angezogen, aber das ist eine andere Sache. Wenn wir mit dem Fluss von Bewusstsein in Verbindung bleiben, werden wir nicht irgendwelchen negativen Emotionen unterworfen sein.

- *Sie behindern uns nicht, weil sie als Teil des Spiels gesehen werden?*

Nein. Wir werden tatsächlich frei von negativen Emotionen, weil es eine Anstrengung kosten würde, zu zwanghaftem Fühlen und Denken zurückzukehren, wenn wir in Verbindung mit dem Fluss des Bewusstseins sind. Es würde einen Wunsch erfordern, um in die Lüge zurückzugehen, zurück zu etwas Unangenehmen, das wir in der Vergangenheit erfahren haben. Das bedeutet nicht, dass alle praktischen Probleme verschwinden. Wir können immer noch eine Reifenpanne haben.

- *Ich könnte mir vorstellen, dass unter entsprechenden Umständen eine Reihe von Emotionen aufflackern könnten, wie ein Gewitter, ohne aus der Präsenz heraus und in die Identifikation mit diesen Gefühlen zu fallen.*

Negative Gefühle fließen nicht aus diesem Frieden heraus, der ja nicht die Quelle von negativen Emotionen sein kann. Es könnte jedoch geschehen, dass du das Bedürfnis hast, etwas mit Intensität zu sagen, um deine Ansicht rüberzubringen, und diese Intensität könnte als Ärger interpretiert werden. Innerlich gibt es aber keinen Ärger, da ist keine Beteiligung. Das ist, als spiele man in einem Theaterstück.

- *Also im Wesentlichen sagst du, dass man seine Aufmerksamkeit auf die Präsenz richtet, so beharrlich wie möglich?*

Ja, aber wir sollten bezüglich unserer Motivation so ehrlich wie möglich sein. Die Untersuchung, über die ich spreche, ist eine Untersuchung, die aus einer Liebe und einer Faszination für das Bewusstsein selbst geführt wird. Unsere Untersuchung ist nicht motiviert von dem Wunsch nach Erleichterung oder persönlichem Weiterkommen. Das wäre ein Versuch, Präsenz zu *benutzen*. Präsenz kann nicht benutzt werden - wir können uns nur der Präsenz hingeben.

Das ist ein allgemeines Missverständnis unter Wahrheitssuchern. Einige suchen die ganze Zeit nicht die Wahrheit; sie suchen die Wahrheit gelegentlich, und den Rest der Zeit suchen sie Erleichterung. Diese Art Suche führt in die diametral entgegengesetzte Richtung. Es ist eigentlich Selbstbetrug, wenn wir meinen, dass wir die Wahrheit suchen, wenn wir eigentlich nach Erleichterung suchen. Wenn wir in diese Falle gehen, missbrauchen wir wahrscheinlich die Begründungen und die Einsichten, die wir während der Suche nach Wahrheit gefunden haben. Anstatt sie für weiteres Verständnis der Wahrheit zu benutzen, benutzen wir sie, um Erleichterung zu erlangen. Zum Beispiel haben wir vielleicht den Lehrer über *willkommen heißen* sprechen hören, oder *wohlwollende Gleichgültigkeit*. Später haben wir ein psychisches Problem und einen entsprechenden Wunsch, und benutzen das Begrüßen oder die wohlwollende Gleichgültigkeit als Rechtfertigung, diesen Wunsch zu erfüllen.
Das wird nicht funktionieren.

***

- *Könntest du über den Unterschied zwischen relativer und absoluter Wahrheit sprechen? Die Welt ist eindeutig real, jeder kann das überprüfen, aber du scheinst zu sagen, dass sie nur eine Illusion ist.*

Eine relative Wahrheit ist etwas, das in der Welt der Manifestationen wahr ist oder wahr zu sein scheint. Es ist nur eine Interpretation von Objekten oder Phänomenen - eine Interpretation, die wir mit dem Adjektiv „wahr" qualifizieren: diese physikalische Theorie ist wahr, diese ist falsch; diese Behauptung ist wahr, diese ist falsch; was wahr oder falsch ist, ist immer ein Konzept.

- *Was ich versuche zu sagen ist, dass es reale Phänomene gibt, oder? Wasser gefriert. Magnete ziehen Ei-*

senspäne an. *Diese Eigenschaften scheinen realer zu sein als vage Konzepte. Wasser gefriert immer bei derselben Temperatur, wo immer du bist.*

Es ist ein eingefrorenes Konzept.

- *Aber es ist sehr überzeugend.*

Das physikalische Verhalten von Materie ist eine Art von Gewohnheit der Realität, sich in einer bestimmten Weise zu verhalten. Ein Konzept ist auch eine Art von Gewohnheit.

- *Das beinhaltet, dass es sich verändern kann.*

Ja.

- *Also sagst du, dass Wasser zum Beispiel in der Zukunft vielleicht nicht bei der Temperatur gefriert wie zur Zeit.*

Wer weiß? Es gibt einen großen Unterschied zwischen wissenschaftlicher Wahrheit und absoluter Wahrheit. Wissenschaftliche Wahrheit basiert auf Induktion. Aber obwohl Wasser erwiesenermaßen bei einer bestimmten Temperatur in 100.000 Millionen Fällen in der Vergangenheit gefroren ist, sagt uns das überhaupt nichts über die Zukunft. Darum halte ich das für eine Gewohnheit. Obwohl einige Gewohnheiten sehr tief verwurzelt sind, bedeutet das nicht, dass es keine Möglichkeit der Veränderung der Gewohnheit gibt. Die physikalischen Konstanten auf unserer Skala der Zeit scheinen unwandelbar zu sein. Aber es gibt keine Garantie, dass auf einer anderen Zeit-Skala es nicht eine Art von Evolution der physikalischen Konstanten gibt. Das Gleiche könnte sich auf den Raum beziehen. Es gibt keine Garantie, selbst wenn wir in der Lage wären, zu weit entfernten Gegenden des Universums zu reisen, dass wir die gleichen physikalischen Gesetze vorfinden; vielleicht gelten unterschiedliche Gesetze.

Selbst wenn wir keine Garantie dafür haben, dass die Konstanten sich nicht verändern, frieren wir sie heutzutage ein, weil es praktisch ist und unsere Kalkulationen viel leichter macht.

Die Wahrheit, die ohne Zweifelt sicher ist, ist Bewusstsein. In der Physik steht das Maß der Präzision - wenn wir ein Phänomen messen oder beobachten - in direkter Proportion zu unserem Wissen über die Apparatur, die gebraucht wird, um zu beobachten. Da wir alles, was wir wissen, durch das Bewusstsein wissen, ist jegliches Wissen oder jegliche Sicherheit, die wir haben können, geringer oder bestenfalls gleich mit dem Wissen, das wir über Bewusstsein haben. Aber als Wissenschaftler verstehen wir das nicht - mit einigen bemerkenswerten Ausnahmen wie Erwin Schrödinger -, weil wir es praktisch vergessen haben. Wissenschaftler haben eine Religion aus der Wissenschaft gemacht, weil sie zu einer bestimmten Zeit ihrer Entwicklung vergessen haben, dass das Feld der Wissenschaft willkürlich begrenzt war. Es wurde zum Beispiel akzeptiert, dass sich Wissenschaft nur auf Phänomene richtet, und infolgedessen wurde das wahrnehmende Bewusstsein aus dem Anwendungsbereich der wissenschaftlichen Untersuchung ausgeschaltet.

In der Klassifizierung der Realität unserer Erfahrung hat sich eine Spaltung entwickelt, und wir haben uns entschieden, nur eine Hälfte dieser Spaltung zu studieren. Im 17. Jahrhundert gab es einen Kompetenzstreit zwischen Religion und Wissenschaft. Wissenschaft wurde zu einem Problem für die Kirche, weil es von intelligenten Menschen überall akzeptiert wurde, dass die Erde nicht das Zentrum des Universums ist, und dass die scheinbare Bewegung der Sonne um die Erde von der Umdrehung der Erde auf ihrer Achse verursacht wurde. Eine Art von Vereinbarung auf Treu und Glauben wurde dadurch erreicht, dass sich die Wissenschaft auf Phänomene beschränken würde, und die Kirche die einzige Autorität für den Geist sein sollte. Das hat in den Köpfen von Wissenschaftlern eine Aversion gegen alles erzeugt, was außerhalb ihres zugeteilten Bereichs liegt. Diese Aversion entstand aus einer uralten Angst, die zu einer Zeit entstand, als es reale Möglichkeit war, auf dem Scheiterhaufen verbrannt zu werden, wenn man den Zorn der Kirche auf sich zog. Über die Jahrhunderte hat sich diese Angst durch das kollektive Unbewusste der wissenschaftlichen Gemeinschaft gehalten, obwohl sie keine Grundlage mehr hat. Mindestens hoffe ich, dass sie keine Grundlage mehr hat - man weiß nie, was geschehen könnte, jetzt, da der Fundamentalismus auf dem Vormarsch auf der ganzen Welt ist. Weil die willkürliche Teilung zwischen Wissenschaft und Kirche keinen Daseinsgrund mehr hat, könnte die Wissenschaft jetzt für sich selbst ein weiteres Feld der Untersuchung beanspruchen, wenn sie es wollte. Und doch hat sie das nicht getan, außer im Fall von einigen *avant-garde* Interpretationen in der Quantenphysik.

***

- *Kann ich noch etwas fragen? Ich habe ein Problem mit der Tatsache, dass du verortet bist. Du sprichst über Gewahrsein als grenzenlos, und doch bist du lokalisiert in deinem Körper, du bewegst dich herum mit deinem Körper. Wie kann das gehen?*

Das, was lokalisiert und begrenzt, ist das, was erfahren wird, nicht das, was die Erfahrung macht. Wie könnten wir von den Begrenzungen von dem, was erfahren wird, den logischen Schluss auf eine entsprechende Begrenzung dessen ziehen, was die Erfahrung macht?

- *Also sagst du, dass das, was deine Erfahrungen erfährt, das gleiche ist wie das, was meine Erfahrungen erfährt?*

Ja, aber das ist keine logische Aussage. Die logische Aussage ist die, dass es keinen berechtigten Grund oder Beweis gibt, das Gegenteil zu glauben - dass Bewusstsein persönlich und begrenzt sei. Aber die überwältigende Mehrheit von uns hält das für selbstverständlich - wir sind darauf konditioniert, und es wird als allgemein gültig akzeptiert. Aber wenn du darüber nachdenkst, wenn du die Angelegenheit nochmal durchgehst, haben keine Begrenzungen in Bezug auf das, was beobachtet wird, eine Relevanz zu der Frage, ob das, was beobachtet, irgendwelchen Begrenzungen unterliegt oder nicht.

- *Wenn das wahr wäre, würdest du dann nicht erwarten, eine Art von telepathischer Verbindung mit meinen Erfahrungen zu haben?*

Eine telepathische Verbindung würde eine Kommunikation vom Mentalen zum Mentalen bedeuten, nicht von Bewusstsein zu Bewusstsein. Ich sage nicht, dass das *Mentale* nicht begrenzt sei, oder dass Mentale nicht voneinander getrennt wären; sie sind es eindeutig. Mentale *sind* getrennt, mindestens in den Zuständen, die weit verbreitet sind. Wir können die Möglichkeit von anderen mentalen Zuständen nicht ausschließen, die sich von Individuum zu Individuum unterscheiden und für kürzer oder länger andauern, in denen diese Trennung nicht der Fall ist. Aber Mentale scheinen in dem Sinn getrennt zu sein, auf den du anspielst, und das ist in Ordnung. Das sagt uns allerdings nichts über Bewusstsein.

Wenn eine telepathische Kommunikationen zwischen Mentalen geschähe, und wenn wir in der Lage wären, jegliche möglichen Kommunikationen von irgend einem bekannten physikalischen Phänomen auszuschließen, dann wäre die logische Folgerung daraus die, dass beide Mentale durch das selbe Bewusstsein verbunden sind.

Aber ich gehe viel weiter als das. Ich werde dir eine einfache Frage stellen. Wie können wir uns, selbst in einer normalen Kommunikation ohne Telepathie gegenseitig verstehen? Wie können wir kommunizieren, wie wir es gerade jetzt tun? Wenn es wahr wäre, dass wir 100 % getrennt wären, wie könnte Verständnis geteilt werden? Ich behaupte, dass die Worte nicht die Bedeutung enthalten, wenn wir sprechen; sie zeigen nur in eine bestimmte Richtung. Wenn wir in diese Richtung schauen, gehen wir über die Worte hinaus, die nur Symbole im separaten Mentalen sind; tatsächlich gehen wir über das Mentale hinaus, das das Reich der Symbole ist, und wir fallen in den Bereich von Intelligenz. Das ist nicht meine Intelligenz oder deine Intelligenz, weil es in dem Bereich von Intelligenz keine Trennung oder Unterscheidung gibt. Das ist es, was wir in der Umgangssprache „uns gegenseitig verstehen" nennen.

Warum sind wir sicher, dass wir ein Verständnis miteinander geteilt haben? Weil wir eins waren, als das Verständnis miteinander geteilt wurde. Als ich Mathematik an der Universität studiert habe, arbeitete ich mit zwei meiner Kollegen an einem Problem, an der Tafel. Oft waren wir mit sehr schwierigen Problemen konfrontiert, und bei einer Gelegenheit arbeiteten wir tief konzentriert zusammen, für eine Stunde oder mehr. Wir waren alle gut vertraut mit jedem Aspekt des Problems. Plötzlich fand einer von uns die Lösung; er sagte nur ein Wort, und sofort wussten die anderen beiden ohne einen Zweifel, „Ja! Er hat es! Das ist die Antwort!" Das Verständnis und die Sicherheit waren nicht in irgendetwas enthalten, das objektiv kommuniziert wurde. Wir drei waren an der Schwelle zu verstehen, und als sie von einem überschritten wurde, folgten die anderen sofort.

Sogar auf dieser relativen Ebene geschieht Verstehen in einem anderen Raum, in einer anderen Dimension. Es geschieht in der zeit- und raumlosen Dimension von Bewusstsein.

Wenn du Quantenphysik untersuchst, findest du heraus, dass es über die grundlegende Natur von Materie interessante Theorien gibt, die das Bewusstsein ins Zentrum rücken. Die wissenschaftliche Gemeinschaft will dem Bewusstsein nur ungern einen zentralen Platz zuschreiben, weil es gewöhnlich als persönlich angesehen wird. Wissenschaftler zögerten zu recht, sich solch eine Interpretation von Physik vorzustellen, wegen deren Anthropozentrismus. Sie fanden die Idee abstoßend, den Menschen in das Zentrum des Universums zu stellen. Aber in dem Moment, indem du dich für die Möglichkeit öffnest, dass das Bewusstsein nicht persönlich, sondern universell ist, ist dieses Hindernis beseitigt.

***

- *Könntest du mir sagen, wie man die Beziehung zwischen dem Relativen und dem Absoluten auf das Thema Schönheit anwenden kann? Manche Leute glauben, dass du, wenn du über wundervolle Musik sprichst, klassische Musik meinst, aber Rap ausschließt.*

Die Erfahrung des Verstehens und die ästhetische Erfahrung sind analog. Wenn ein Gedanke verstanden wird, aber es kein Gedanke über die höchste, die absolute Wahrheit ist, dann ist das Verstehen ein relatives Verstehen. Wenn der verstandene Gedanke von unserer wahren Natur spricht, Bewusstsein, dann ist das Verständnis eine Ahnung von absoluter Wahrheit oder eine mystische Erfahrung. Ein Gedanke über das Absolute macht dies möglich, weil ein Gedanke über Bewusstsein anders als jeder andere Gedanke ist. Er hat eine einzigartige Qualität: er führt direkt zu seinem Referenzpunkt, Bewusstsein. Er existiert in seinem Referenzpunkt, er kommt aus seinem Referenzpunkt und er führt zu seinem Referenzpunkt. Wenn der Gedanke über Bewusstsein im Verstehen verschwindet, liefert er die Erfahrung von Bewusstsein. Er ist anders als jeder andere Gedanke. Durch die Gedanken „Eiscreme" oder „Tisch" bekommst du weder ein Eis noch einen Tisch, wenn du sie verstehst. Also ist die einzigartige Natur eines Gedankens über Bewusstsein, dass er das liefert, für das er ein Symbol ist. Das ist möglich, weil er vom Bewusstsein kommt und diese flüchtige Qualität hat.

Auch korrespondiert ein wunderschönes Objekt im Bereich der Sinneswahrnehmungen mit Gedanken über das Absolute. Ein schönes Objekt ist ein Objekt, das absichtlich die Eigenschaft hat zu verschwinden. Es kommt aus Schönheit, verschwindet in Schönheit und hat die Kraft, uns dahin zu bringen. Oft ist ein schönes Objekt nicht vollständig. In den Schönen Künsten ist es nicht so wie bei der Fotografie, wo jedes Detail gegeben wird und es keinen Raum für deine Vorstellung gibt, die fehlenden Teile zu ergänzen. Mit einer unvollständig dargestellten Arbeit wird die Andeutung gegeben, aber deine Imagination muss die Punkte verbinden. Während du die Punkte verbindest, erreichst du das Reich jenseits der Symbole, das Reich des Verstehens. Auf diese Weise bringt dich ein schönes Werk in das spirituelle Reich.

Auf der Ebene der Empfindungen und Gefühle ist die Analogie Liebe. Ein liebendes Gefühl ist eine Erfahrung, die mit Einheit verschmilzt, die Einheit der Liebe, die man dadurch findet, indem man mit der Natur oder mit einem anderen Wesen verschmilzt.

Der Weg zum Absoluten ist dreifach: der Pfad der Intelligenz, wo der Gedanke mit der Wahrheit verschmilzt; der Pfad der Gefühle, wenn Gefühle mit der Einheit der Liebe verschmelzen; und der Pfad der Sinnesempfindungen, wenn Sinnesobjekte mit der göttlichen Schönheit verschmelzen. Die drei Herangehensweisen treffen in dem einen Zentrum zusammen, das Glück genauso wie Wahrheit, Liebe und Schönheit enthält. Diese vier Qualitäten sind unumstritten; sie haben Gewissheit in sich selbst und sind offensichtlich. Wenn du zum Beispiel glücklich bist, brauchst du niemanden, der dir sagt, „Weißt du, was geschehen ist, weißt du, dass du glücklich bist?" Du kannst unglücklich oder verbittert sein, ohne es zu wissen, aber du kannst nicht wirklich glücklich sein, ohne es zu wissen. Glücklichsein hat diese autonome, selbstverständliche Qualität, genauso wie es ist, wenn Gedanken mit Wahrheit verschmelzen, oder mit anderen Worten, wenn ein Gedanke mit seinem Verstehen verschmilzt. Wenn du verstehst, bist du einzigartig autonom - bei dir und in deinem eigenen Glanz.

***

- *Ich möchte etwas überprüfen: Das, was erfährt, ist glaube ich unvoreingenommen und still. Wenn also Brutalität in der Welt passiert, würde das aus der Sichtweise von Präsenz einfach die Welt sein, die ihr Ding macht, während Präsenz weiterhin ein unbeteiligter Zeuge bleibt.*

Auf der Ebene der Präsenz gibt es Erschaffen genauso wie Sehen. Das, was wir erfahren, ist auch das, was wir erschaffen, als Bewusstsein. Wir sind in jedem Moment die Zeugen unserer eigenen Schöpfung. Tatsächlich sind Erschaffen und Sehen dasselbe. Das ist genauso mit dem Verständnis von Quantenphysik, wo das Messen und das Erscheinen untrennbar sind.

- *Aber es geschieht weniger in der alltäglichen Welt als in der Welt von großer Kunst?*

Das, was uns davon abhält, die Schönheit in jedem Geschehen zu sehen, ist unsere Angst vor dem Tod. Diese Angst erschafft einen Widerstand und negative Gefühle, und das fördert Vorlieben und Abneigungen, die wie ein Filter wirken. Wir sehen zum Beispiel nicht wirklich das Gemälde; wir sehen unsere eigenen Vorlieben und Abneigungen. Wir erlauben dem Gemälde nicht, uns zur Schönheit zu bringen.

- *Also könnte uns alles zur Schönheit bringen. Es muss nicht wirklich etwas Schönes sein; es wird schön, wenn es uns zur Schönheit bringt.*

Gut, das ist gleichzeitig wahr und nicht wahr. Jedes Objekt bringt uns von Natur aus zur Schönheit. Aber es gibt einige Objekte, die uns mit Absicht zur Schönheit bringen, so wie die wahren Kunstwerke, die Worte eines Weisen, die Handlungen wahren Mitgefühls, Liebe oder Unschuld. Sie bringen uns mit Absicht zu unserer wahren Natur, weil sie von dort kommen und immer noch die Ausstrahlung ihres hohen Ursprungs haben. Wir sehen das Leuchten, und das Leuchten in uns erwacht.

- *Also könnte man sagen, dass alle Phänomene dieselbe Qualität haben?*

Potentiell kann uns jedes Objekt, jede Situation zur Präsenz führen. Aber praktisch gesprochen, gibt es einige Situationen und einige Objekte, deren Mission es ist, uns zur Präsenz zu bringen. Sie sind Engel, von der Präsenz geschickt, um die Botschaft zu überbringen und uns zurückzubringen. Ein Kunstwerk ist solch ein Engel.

***

- *Ich bin an der Intuition interessiert. Sie hat scheinbar einen anderen Ursprung als das Denken. Kannst du etwas über die Intuition sagen?*

Intuition ist ein Gedanke oder ein Bild im Mentalen, das seinen Ursprung nicht in der Erinnerung hat. Da es direkt im Bewusstsein erscheint und von einer höheren Quelle kommt, die die Totalität betrachtet, mag die Intuition Informationen bringen, die nicht aus einem gewohnten Kanal des Mentalen zu uns hätten kommen können. Es gibt dabei möglicherweise eine kosmische Qualität. Von diesem Ort kommt die Intuition eines Gedichtes, eines Kunstwerks, eines wissenschaftlichen Durchbruchs, oder sogar die Lösung für ein praktisches Problem in unserem Alltag.

Die Funktion der Intuition ist es, etwas Neues in diese Welt zu bringen. Das ist eine „vertikale Evolution"; dagegen ist die gewöhnliche Evolution in der Welt linear und abhängig von dem Gesetz der Ursache: Das, was morgen geschehen wird, ist einfach nur eine Entwicklung von dem, was jetzt ist. Das Mentale, wenn es aus der Erinnerung funktioniert, ist wie ein Bio-Computer, der nichts Neues erschafft; er nimmt einfach die Daten, die ihm eingegeben wurden, verarbeitet sie entsprechend seinem Programm, und gibt sie in einer anderen Form zurück; er hat keinen Zugang zur Intuition. Aber wenn die höhere Quelle das Mentale erreicht, wird es transformiert; das, was nach solch einer Erscheinung zurückbleibt, ist ein brandneuer Gedanke. Das kann ein Samen für ein Gedicht sein, oder der Keim einer Entdeckung, aber es ist ein Geschenk aus der höheren Quelle. Das erklärt Kreativität und das Erscheinen von Sinnhaftigkeit.

- *Ich habe das Gefühl, dass Intuition grundsätzlich unterschätzt wird, und dass sie benutzt werden könnte, eine bessere Welt zu erschaffen, wenn sie allgemein mehr anerkannt würde. Ich glaube, dass die Renaissance der übliche Zustand der Welt sein könnte.*

Wenn wir eine Sache untersuchen, erscheint die Lösung eher dann, wenn wir entspannen. Obwohl das eine übliche Erfahrung ist, verstehen wir nicht, dass die Intuition aus einer höheren Quelle kommt.

Dein Bezug auf die Renaissance ist interessant. Wann immer die Freiheit der Gedanken in einer bestimmten Gegend unterdrückt wird, werden Menschen, die die Wahrheit lieben, andere Ausdruckswege finden. Wenn ihnen religiöse Freiheit untersagt ist, werden sie Philosophen; wenn sie nicht Philosophen sein können, werden sie Wissenschaftler; wenn sie nicht Wissenschaftler sein können, werden sie Künstler. Sie werden immer Wege finden, sich mit dieser Quelle zu verbinden, weil das so kraftvoll ist.

Es ist ein großes Privileg, in einer Zeit von außergewöhnlicher Religionsfreiheit zu leben. Wir sind frei, diese Dinge zu sammeln und zu erforschen, ohne jede Angst davor, getötet oder eingesperrt zu werden. Es gab nur sehr wenige Perioden in der Geschichte, in denen das möglich war.

***

- *Du hast von großen Kunstwerken gesprochen, die die Kapazität haben, uns zur Präsenz zu führen. Ich mag Kunst, die du vielleicht negativ nennen würdest; ich mag ihre Tiefe. Eduard Munchs „Der Schrei" ist ein klassisches Beispiel dafür. T. S. Eliots „Das wüste Land" weist auf ein Bewusstsein von Verzweiflung und Zersplitterung, aber ich mag das, und ich halte das für Kunst. Es gibt viele Kunstwerke, die sehr dunkle Zustände reflektieren, die, nicht unbedingt in sich selbst, auf Präsenz hinweisen, und doch berührt mich ihre Tiefe irgendwie.*

Du kannst eine Zeichnung erschaffen und dafür schwarze Kreide auf weißem Papier oder weiße Kreide oder Stifte auf schwarzem Papier benutzen. Die zweite Art, die weniger üblich ist, bringt uns durch die wohlwollende Gleichgültigkeit, mit der der Künstler das Thema betrachtet, zurück zur Quelle, obwohl das Thema der Arbeit Disharmonie und Qual ausdrückt. Das ist schwieriger, aber ich denke an einige erfolgreiche Beispiele: gewisse Kurzgeschichten von Guy de Maupassant, die sehr düster sind. Wo diese Herangehensweise erfolgreich ist, verurteilt der Romanautor nie seine Charaktere. Also wird die Idee eines Machers von der Darstellung des schrecklichen Ereignisses entfernt. Da ist Güte in der Beschreibung. Obwohl das, was dargestellt wird, unerträglich ist, ist die Art, wie es dargestellt wurde, auf Mitgefühl und Liebe und Güte ausgerichtet.

- *Vieles der westlichen Kunst stellt sehr dunkle Zustände des Mentalen dar.*

Gut, es gibt viele Definitionen von Kunst. Wenn wir als unsere Definition wählen, „das, was auf Präsenz verweist", kann nicht jedes Ausstellungsstück in einer Galerie Kunst genannt werden. Ich muss sagen, dass ich an vielen Gemälden sofort vorbeigehe, wenn ich ein Museum besuche - nicht nur moderner Malerei, sondern auch an solchen aus dem 19. und 18. Jahrhundert. Nur wenige ziehen mich an, und so verbringe ich Zeit vor den Vermeers und den Rembrandts und den Cézannes und ein paar anderen. Ich liebe Präsenz, also finde ich nur die Kunst oder die Musik interessant, die auf Präsenz hinweist. Wir sind mit dieser Art von Kunst im Einklang, wenn wir Harmonie und Schönheit und Wahrheit lieben.

- *Könnten wir nicht auch Ehrlichkeit und Authentizität lieben? Viele Künstler aus dem ersten Teil des 20. Jahrhunderts drückten das Groteske aus, das die an-*

gesehene Gesellschaft versuchte nicht wahrzunehmen.

Für mich haben die Schönen Künste keine „Botschaft", die formuliert werden kann. Wenn eine Botschaft in Worten formuliert werden kann, kann man genauso gut Worte benutzen. Kunst ist eine Botschaft, die nicht mit Worten ausgedrückt werden kann, und die durch die Sinne übermittelt werden muss, wo wir auf einer sehr tiefen Ebene berührt werden.

Im Fall von Dichtung benutzen wir Worte, aber die Worte erschaffen ein Kunstwerk, das die Eigenschaften der Sinne hat - Farbe, Musik, Rhythmus und ähnliches. Das ist nicht etwas, das rational formuliert werden kann.

Ich bleibe angesichts jeglicher politischen Kunst kalt, so wie der Kunst des Dritten Reiches, der Kunst der sowjetischen Periode oder *Guernica*. Politische Kunst ist Propaganda. Gleichgültig, ob sie grundsätzlich richtig ist oder nicht, sie hat sich von der wahren Bedeutung von Kunst wegbewegt, die darin liegt, auf Gott zu verweisen. Ich verurteile andere Formen nicht. Thriller zu lesen ist unterhaltsam, aber das ist keine Kunst. Wir sollten nicht das, was in das Reich der Präsenz gehört, mit dem verwechseln, was reine Ablenkung ist.

Vergleiche Rembrandts Gemälde mit jenen seiner Zeitgenossen. Rembrandt zeigt die Seele: die Unschuld, die Reinheit und die Schönheit. Seine Zeitgenossen benutzen die gleichen Techniken, um das bürgerliche Prestige ihrer Modelle darzustellen.

- *Oft waren die Künstler sich dessen nicht bewusst, was sie taten. Viele führten funktionsgestörte Leben, Mozart zum Beispiel, und trotzdem waren sie in der Lage, Präsenz zu überbringen.*

Ich weiß nichts über Mozart. Er verbrachte viel Zeit mit Komponieren und mit seiner wundervollen Musik. Gelegentlich musste er eine Pause machen, und er ging in die Kneipe. Aber er war offensichtlich hoch spirituell, was seine heilige Musik beweist, die Opern und Klavierkonzerte. Wir wissen, dass auch Beethoven ein spiritueller Mensch war.

Aber der Künstler ist nicht notwendigerweise ein Weiser. Der Künstler ist eher jemand, der herausgefunden hat, dass er dieses große Glück in dem kreativen Moment kennt, in dem die Intuition zu ihnen kommt. Vielleicht sind sie kurz davor, ihre wahre Natur zu kennen: Dass dieses Glücklichsein das ist, was sie immer sind.

- *Die Dinge, dir wir nicht als schön erachten - Gewalttätigkeit, Aggression, Faulheit oder was immer - sind sie nicht auch Teil des Bewusstseins und gleichermaßen gültig?*

Sie sind Teil des Bewusstseins, aber ganz bestimmt nicht gleichermaßen gültig.

- *Wenn Bewusstsein eins ist, wie kann ich es unterteilen und sagen, das einige Teile gültiger sind als andere?*

Auf der absoluten Ebene, die keine Unterscheidung kennt, ist Bewusstsein eins und es gibt keine Teile darin. Da gibt es nichts zu vergleichen! Auf der relativen Ebene, der Ebene, auf der Unterscheidungen gemacht werden, gibt es Teile, und du musst erkennen, dass einige mehr und einige weniger berechtigt sind. Wenn du Bewusstsein in Teile aufgeteilt hast, kannst du dich nicht mehr auf die Tatsache beziehen, dass Bewusstsein eins ist, um jegliche Unterschiedlichkeit zwischen den Teilen zu verhindern, die du selbst unterschieden hast. Du musst konsequent sein. Entweder ist es eins, und dann gibt es keine Teile, was in Ordnung ist; oder es gibt Teile, und in diesem Fall können sie berechtigt sein und andere nicht.

- *Das ist es, was ich gefragt habe, „Ist Hässlichkeit nicht genauso berechtigt wie Schönheit"?*

Deine Frage, die zwischen Hässlichkeit und Schönheit unterscheidet, ist auf der relativen Ebene gestellt. Auf dieser relativen Ebene ist die Antwort „nein". Auf der absoluten Ebene, vom Standpunkt des Bewusstseins, gibt es keine Frage. Jemand fragte einmal den Weisen Krishna Menon, „Warum gibt es Vielfalt?"

Er antwortete, „Durch deine Fragestellung „warum" hast du die Kausalität hinein gebracht. Du hast durch deine Fragestellung „warum" Kausalität zugelassen. Du fragst nach dem Grund von Dualität, aber dadurch erschaffst du Dualität."

***

- *Also sollte man alles Fragen aufgeben?*

Wenn du alles Fragen aufgibst, bekommst du keine Antworten.

- *Es scheint mir, als ob es wirklich keine Antworten gäbe.*

Unterdrücke die Fragen nicht. Wenn du mit dem Fragen aufhörst, während du noch Fragen hast, verschiebst du nur die Fragen und Antworten.

- *Aber ich fühle das immer noch, auf der absoluten Ebene, da gibt es wirklich keine Antworten.*

Ich verstehe, dass du keine Antwort hast, aber meine Frage an dich ist, „Hast du eine Frage?"

- *Grundsätzlich oder gerade in diesem Moment?*

Beides.

- *Ja, Fragen kommen immer noch auf.*

Was ist deine Frage?

- *Seit ein paar Jahren bin ich nun bei Satsangs dabei, und mein Mentales versteht irgendwie, was gesagt wird. Aber ich finde es dumm, dass ich immer noch in schlechte Gewohnheiten zurückfalle. Das ist gerade jetzt meine Frage. Warum gebe ich nicht auf, mich dumm zu verhalten?*

Im Satsang, zumindest in diesem Satsang, ist es ok, dumm zu sein. Wir versuchen nicht, irgendein Verhalten zu ändern. Von dir wird nicht erwartet, das Dumm-Sein loszulassen. Du bist aufgefordert, denjenigen loszulassen, der vorgibt, dumm zu sein. Das ist etwas anderes.

Verurteile dich und andere nicht. Stattdessen finde heraus, wer es ist, der angeblich dumm ist und was du versuchst zu verurteilen, und finde heraus, wer der Richter ist. Du wirst erkennen, dass es weder einen Richter noch einen Angeklagten gibt. Sei dir ein Freund, nicht ein Ankläger.

Wenn du eine sich wiederholende Gewohnheit beobachtest, sei glücklich statt dich durch deine Enttäuschung zu verurteilen. Du hast Grund zur Freude, weil du sagen kannst, „Ich bin mir dessen bewusst! Ich bemerke es!"

Das ist ein notwendiger erster Schritt. Wenn du rauchst ohne zu merken, dass du die Zigarette aus der Packung nimmst, wie kannst du jemals damit aufhören? In dem Moment, in dem du beschließt, dass du aufhören willst, weil es schlecht für deine Gesundheit ist, und du den Wunsch verspürst, nach einer Zigarette zu greifen, bewegst du dich in die richtige Richtung. Das weiß ich aus Erfahrung.

***

- *Ich frage mich oft, „Was kann ich ganz sicher wissen?" Die Antwort ist scheinbar, dass ich mir Gedanken, Gefühlen und Sinneswahrnehmungen bewusst bin. Diese Gedanken, Gefühle und Sinneswahrnehmungen ändern sich ständig und daraus schließe ich, dass das Bewusstsein unveränderbar sein muss, oder ich wäre nicht in der Lage, die Veränderung wahrzunehmen.*

Alles andere scheint eine Konstruktion des Mentalen zu sein, und darum könnte jeder Versuch, auf eine besondere Art zu denken - richtig oder falsch - brauchbar, aber nicht mehr als brauchbar sein. Und trotzdem fühle ich immer noch, dass ich nicht erfüllt bin. Also was fehlt noch?

Was du gesagt hast ist wahr; alles, was wir sicher wissen können, ist, dass es Bewusstsein und Sein gibt, Sein bedeutet, dass da „etwas ist und nicht nichts". Es gibt Realität und es gibt Bewusstsein, das diese Realität wahrnimmt, was immer diese Realität ist.

Wir werden Unerfülltheit fühlen - dass da etwas fehlt - solange wir im Hintergrund unseres Mentalen und in unserem Körper noch den Rest des Glaubens tragen, dass dieses Bewusstsein auf eine spezielle Person begrenzt ist; wir werden immer noch den Samen der Trennung tragen.

Wir müssen tief in uns hineingehen und einfach herausfinden, was es ist, das uns davon abhält, offen für die Möglichkeit zu sein, dass es nur ein Bewusstsein gibt.

- Wie können wir diesbezüglich ein Gefühl von Dringlichkeit bekommen?

Wenn es um die Suche nach der Wahrheit geht, sind wir wie ein Esel; der Stock und die Karotte funktionieren beide. Wenn wir uns schlecht fühlen, machen wir etwas falsch; so einfach ist das. Wenn wir uns glücklich fühlen, machen wir etwas richtig. Wenn wir beginnen, den Stock zu fühlen, versuchen wir herauszufinden, was wir falsch machen. Das bringt uns in die richtige Richtung. Dann fangen wir an, die Karotten zu schmecken. Auf diese Weise werden wir klüger und klüger, wie der Esel, und wir brauchen den Stock immer weniger. Wir entwickeln unsere Empfänglichkeit für Karotten und unsere Fähigkeit, Karotten zu folgen, bis wir die Karotte schnappen.

Für Informationen über Retreats und Gespräche mit Francis Lucille und über Videos, Bücher und Kassetten, gehen Sie bitte auf seine Webseite:
www.francislucille.com